尽 善 尽 美 弗 求 弗 迪

懂书

主动成长的高回报读书法

格格 著

电子工业出版社

Publishing House of Electronics Industry

北京 · BEIJING

图书在版编目（CIP）数据

榨书：主动成长的高回报读书法/格格著. —北京：电子工业出版社，
2021.11
ISBN 978-7-121-41893-8

Ⅰ.①榨… Ⅱ.①格… Ⅲ.①读书方法 Ⅳ.①G792

中国版本图书馆CIP数据核字（2021）第175700号

责任编辑：黄益聪
印　　刷：三河市兴达印务有限公司
装　　订：三河市兴达印务有限公司
出版发行：电子工业出版社
　　　　　北京市海淀区万寿路 173 信箱　邮编：100036
开　　本：880×1230　1/32　印张：7.5　字数：175 千字
版　　次：2021 年 11 月第 1 版
印　　次：2022 年 1 月第 3 次印刷
定　　价：49.80 元

凡所购买电子工业出版社图书有缺损问题，请向购买书店调换。若
书店售缺，请与本社发行部联系，联系及邮购电话：（010）88254888，
88258888。

质量投诉请发邮件至zlts@phei.com.cn，盗版侵权举报请发邮件至dbqq@
phei.com.cn。

本书咨询联系方式：（010）57565890，meidipub@phei.com.cn。

前　言

用读书打造竞争力，让改变看得见

之前，我过着自己的小日子。上班下班，平凡普通。我守着这一份岁月静好、现世安稳，此生仿佛都会一直这样下去。这样的日子似乎没什么不好。那时，我在新东方上班，公司每年的工资都会涨，福利待遇也不错。还有很多人羡慕我，能在他们的偶像——俞敏洪老师的公司上班，能有机会面对偶像、求合影、求签名。

但是，我发现，我并不快乐。就像小说《月亮和六便士》中所写："我总觉得大多数人这样度过一生，好像欠缺点什么，我承认这种生活的社会价值，我也看到了它的井然有序的幸福。但是我的血液里却有一种强烈的愿望，渴望一种更狂放不羁的旅途。我的心渴望一种更加惊险的生活。"

虽然我的工资在涨，但我一直做着重复的工作，个人并没有多少成长。长此以往，我将很快会失去职场竞争力。而且，我总觉得，生活中少了一些激情与梦想，每天更多的是重复与沉闷。那时我经常在想：生命只有一次，难道我的工作只是为了挣钱谋生，我不该去做自己喜欢、擅长又有意义的事么？生命只有一次，难道我要这样平庸地过一生么？我不甘心。

于是，我充分利用业余时间，看书、听课、学习、参加活动，我使劲折腾，探索自己的热爱和激情所在。在这期间，我去福利院做过义工、我做过户外领队、我给别人写文章赚稿费、我去读在职研究生、我组织了好几个线上公益社群……冥冥中，仿佛有一种力量在牵引着我前进，如果不找到这一生的真爱，不把爱好变职业，总是那么迷茫地活着，我真的死也不会甘心。

经过了漫长的探索，我终于找到了我的使命，并且勇敢地离职创业，成为一名自由职业者。现在，很多人把我当作人生榜样，从我这里汲取成长的勇气和力量，他们亲切地叫我"格格老师"。我的故事还被包括《人民日报》《中国日报》、中国经济网在内的等各大媒体争相报道。我能告别过去的平庸，成为现在许多人羡慕的对象，都是源于一件小事——读书。在各种折腾与探索中，我发现，我生命中最爱的就是读书。

之前，我很少读书，一年下来也读不了几本书。2008年，我的命运发生转折。非常幸运，我偶然听了俞敏洪老师的演讲，受到触动，从此决定要向俞敏洪老师学习，多读书、读好书，开启我个人的读书精进之路。从2009年开始，我每天读书，这些年每年的阅读量达到了100多本，并且不知不觉间读了1000多本书。

我不仅喜欢自己读书，我还特别擅长带着周围的小伙伴一起读书成长。比如，我运营了一个线上的公益读书群，我自己出钱、出力、欠人情，坚持公益运营，一口气搞了5年。再比如，我还运营了一个线下的公益读书会——格格读书会（原混北读书会），它是混沌大学北京分社的学生社团，我长期零预算、零工资、零收费公益运营，通过线下活动的形式带着同学们一起读书成长。在和大家一起读书成长的过程中，我获得了一种特别的快乐。

为此，很多人误会我，觉得我一定有利可图。他们不相信有人会因为真心热爱一件事，而长期坚持无私地利他付出。我却在别人的误会与不解中，慢慢找到了此生的使命——"用读书为成长赋能"。这就是我一直在寻找的，我喜欢、我擅长、有意义的事情，这就是我的使命，我的天命所归。

在读书的过程中，我通过不断和身边的书友们交流，发现一个有趣的现象，：普通人经常忙到没时间读书；相反，很多大人物却每天都在读书。那些优秀的企业家，如俞敏洪、任正非、柳传志、李开复、巴菲特、比尔·盖茨等，都有读书学习的好习惯。

其实，对于普通人而言，你不是没时间读书，只是读书在你心里根本不重要。一方面，你缺乏每天读书的意识；另一方面，你没有正确的读书方法。所以，你才碌碌无为，找不到突破口。而我因为热爱读书，充分榨取一本书的最大价值，个人不断成长，因此深知读书对普通人的强大改变力量。

更让我惊讶的是，即使一些社会精英，比如名校硕士、公司中高管、CEO 等，也并没有意识到，读书也是一项技术活，有方法、有技巧。很多人会读书，但往往读了白读，收获甚微，更不要提通过读书改变人生了。

而我则认为，读书只是第一步，更重要的是，真正从书中获取能量，帮助自我实现价值提升。因此，我提出了**"榨书"**的理念。就像人们把菜籽压榨成油，菜籽的形态彻底改变，它的精华得以保留，成为人们生活中不可获取的营养物质，读书也是同样，浮光掠影式的阅读是低效的，你需要把书中的文字，彻底转化成自己的认知，并储存在大脑中，还要尽可能通过读书不断拓展边界，变输出为输入，提升个人影响力。

所谓"榨书"，就是将读书的价值最大化。

在找到使命后，我将个人 10 年来的读书成长的"榨书"方法开发成格格读书营的系列线上课程，对外输出分享。我希望能帮助人们充分榨取一本书的最大价值，在解锁阅读力后，进而解锁逻辑力、表达力、影响力、链接力、自信力、践行力、复盘力，从而用读书打造竞争力。

阅读力：解锁六大阅读法，每年轻松读 100 本书。

逻辑力：教你梳理书中逻辑，从此输出不再愁。

表达力：输出倒逼输入，解锁写书评 + 讲书技能。

影响力：解锁短视频 + 直播技能，用读书打造个人名片。

链接力：用读书获取黄金人脉，助力工作和生活。

自信力：用读书提升自信和能量，绽放你的生命之花。

践行力：教你实用小技巧，提升个人行动力。

复盘力：用复盘迭代自己，实现个人光速成长。

当你学会了正确的"榨书"方法，你不仅能 30 分钟读完 1 本书，还能记得住、写得好、说得出、有改变。读书，不仅能帮你在职场升职加薪，还能释放你的能量，帮你开启开挂的人生。

非常开心，我的方法经无数人亲测有效：

有人从前很少读书，现在每天能读 1 本书，养成了阅读的习惯。

有人把逻辑力迁移到工作中，现在不仅客户满意，还赢得了同事的赞扬。

有人从前不会写作，现在随手一写就是 3000 字，还挣到了人生第一笔稿费。

有人从前一当众讲话就哆嗦，现在不仅能轻松公开演讲，还开启了直播之路。

有人之前不敢录视频号，现在不仅日更视频号讲书，还轻松变现，甚至成为视频号上粉丝过万的博主

有人从前性格内向，恐惧社交，现在勇敢地主动链接别人，收获了各种资源和惊喜。

有人从前很自卑、能量低，现在已经活成人群中的"小太阳"，自信乐观、积极向上。

有人从前缺乏有效的自我管理，现在定期复盘，自我反思，加速成长。

有很多父母，自己养成了阅读习惯的同时，也让孩子受其影响也爱上读书。

…………

很多人表示，读书仿佛开启了自身神奇的正能量循环，通过坚持读书，慢慢发展出了强大的行动力，在坚持早起、写作、跑步时都更有毅力。

我看到，通过充分榨取一本书的最大价值，小伙伴们仿佛获得了

一种神奇的成长力量，只是很多人还未意识到读书的强大能量，还未开启它的洪荒之力。

现在，我把多年来的读书成长心法以及教学经验进行总结，全部写到书中，教你"榨书"，希望也能用读书你的成长之路赋能。

不过需要强调一下，再好的方法给你，也只解决了"知"的问题，你需要通过刻意练习，解决"行"的问题，真正做到"知行合一"，才能让改变发生。这也是我在教学过程中一直强调的理念，为此，每次课后，我都特意为你设计了一项作业，供你自行练习。你可以在微博上发布作业时，带上话题＃格格读书营＃，并＠格格读书会，你的作业就会被我看到。

秋叶大叔曾经鼓励我说："其实格格就是一个走了很远，看到很多风景的人。从普通职员到自由创业者，她用了1000本书。从无人问津的社群创建人到被到处报道，她用了2年。从视频号新人到教育博主，她用了100天。笑起来酒窝深深浅浅的、眼睛弯弯的、温婉的格格，做的事情都是普通人不能去想象的。"

其实，我取得的一切成绩，都源于"榨书"的强大能量。现在，我也想把这些"榨书"方法，分享给有缘读到此书的你。

最后，分享陈平原老师的一席话与你共勉：

"如果过了若干年，你半夜醒来发现自己已经好长时间没读书，而且没有任何负罪感的时候，你就必须知道，你已经堕落了。不是说书本本身特了不起，而是读书这个行为意味着你没有完全认同于这个现世和现实，你还有追求，还在奋斗，你还有不满，你还在寻找另一种可能性，另一种生活方式。说到底，读书是一种精神生活。"

愿这本书能帮你开启会读、真读、不白读的全新读书之路，把书读成自己的，让改变看得见，绽放你的生命之花。

读书＆行动，让改变发生！

格格

目　　录

第 3 章　表达力：读出好口才，实现流利表达 / 63

第 4 章　影响力：通过组织与传播，打造个人品牌 / 91

第 8 章　复盘力：温故而知新，帮你加速成长 / 197

后记　爱上读书，相信生命有奇迹 / 217

BOOK

第1章

阅读力：
轻松读透一本书

　　很多人在读书时，有个误区，他们为自己感受不到读书的乐趣和成就感，因而放弃了读书而心怀愧疚，觉得自己不是读书学习的料，此生与读书无缘。每次看到这样的朋友，我都觉得特别心疼，想要帮一下。其实，不是你不对，是你读书的方法不对。只要方法正确，人人皆可轻松读透一本书，重拾阅读的乐趣和成就感，让改变看得见。

第 1 节
读书中的那些痛，你中招了吗

和很多朋友一样，我之前也很少读书。后来，我每年读书 100 多本。我因为热爱读书，还把兴趣变成职业，现在是一名读书赋能教练。经过不断和书友们在线上、线下交流，我发现了常见的八大读书现象，也就是大家通常所说的读书中的"痛点"。不知道你是否也招了？

1. 常见的八大读书现象

不知道读啥书好　这类现象，我称为"选择困难症"。现在市场上的图书太多了，每天都会有新书上市。面对无数的图书，人们往往有选择困难症，不知道到底哪本才是最适合自己的好书。尤其现在，大家都很忙，时间、精力有限，如何读到对的好书，是很多人面对的问题。

只买不看囤书狂　这一类人，我称为"囤书狂人"，其典型表现，就是买书如山倒，读书如抽丝。一旦有促销活动，如"双11""双12"时，他们就会买买买。但是，如果你问他是否读了，他可能去年买的书还没拆封。买书一时爽，读书愁死人。

太忙没时间看书　这一类人，我称为"永远没时间党"。你问他为什么不读书，答案通常是我太忙了、我没时间。没时间，似乎是万能的原谅自己的借口。但是，其实，他不是没时间，他只是没时间读书而已。他有时间去打游戏、追剧、刷视频、玩手机，就是没时间读书。

静不下心，看不进去　这一类人，我称为"我想静静族"。他们是人群中的上进分子，通常会把书打开，但是，读书时，却发现根本静不下心，看不进去。看了一会儿书，就觉得心里很浮躁，想玩手机、吃零食、上厕所。一本书，看不了几分钟，就扔到一边，不由自主地去做其他事了。

读得太慢，效率太低　这一类人，我称为"蜗牛爬书族"。有些人，读书速度奇慢，一本书，仿佛永远只看得了开头，看不到结尾。一年下来，也看不了几本书。其实，这一类人，往往是读书方法不对。只要掌握读书的正确方法，很短时间内就可以读完一本书。

读时兴奋，读完就忘　这一类人，我称为"一读就忘族"。有些人，好不容易把书读完了，但是，读完之后，你问他，你记住了什么，他根本说不出来。可能再过一阵，连是否读过这本书他都忘了。其实，只要配合正确的读书总结方法，你也可以轻松说出重点，甚至成为讲书达人。

读了很多书，依然过不好这一生　这一类人，我称为"读书没用族"。有些人，读了很多书，但工作、生活没什么变化，根本没有学以致用。最终，他们就会产生一种幻觉，觉得读书根本没啥用。其实，不是读书没用，是你的读书方法不对。

很难长期坚持读书　还有些人，读书通常是三分钟热度。积极性上来，恨不得一天就读完一本书。但是，他们的热情往往只能维持一阵子。他们读书时，通常三天打鱼两天晒网，很难坚持读书一辈子，养成每天读书的良好习惯。

以上，就是导致人们读书低效常见的八大现象。不知道你中了几招呢？

2. 读书低效的根本原因

其实，这八大常见的读书现象都是表象。读书低效的根本原因，只有一个，就是你在意识上根本不重视读书。比如，八大现象中最普遍的就是没时间读书。但仔细想一下，你会发现：你有时间刷朋友圈、刷抖音、打游戏、看电视剧……你不是没时间，你只是没时间读书而已。因为，在你心里，读书根本不重要。

但是，真正聪明的人永远在投资自己。读书，是最好的自我投资方式。有成就的人都在读书，他们都认为自己的层次还需要提升，因为没意识到读书的重要性，所以你才忙到没时间读书。

俞敏洪老师每年阅读量达 50 多本。俞敏洪说："很多人认为这个时代赚钱才是王道，读书不能直接创造效益，是耽误时间。这种说法恰恰是一个误导——因为表面的生存竞争压力非常大，但实际上读书是生存竞争的最高手段。就是说，大家拿着原始武器在战斗，号称要生存竞争，但是忘了为自己制造核武器。"所谓"核武器"，就是你手里的书。美国的投资家查理·芒格，也就是沃伦·巴菲特的黄金搭档，也酷爱读书，并从小就养成了阅读的习惯。他说过，"我这辈子遇到的聪明人，没有不每天阅读的——没有，一个都没有"，"我的孩子们都笑话我，他们觉得我是一本长了两条腿的书"。查理·芒格任何时候都携带一本书，他说："我手里只要有一本书，就不会觉得浪费时间。"

综观国内外，你会发现，那些优秀的企业家们，比如，任正非、孙正义、柳传志、李开复、巴菲特、比尔·盖茨等，比你忙不知道多少倍，却都有读书学习的习惯。如果此刻你再拿所谓的"没时间"当作你不读书的借口，是否应该反思一下呢？

　　有一位书友 Amy，听了我的建议，告别了疯狂的知识付费、买各种课程，开始每年读 100 本书。之前，她只知道自己喜欢读书，可是总觉得没时间，空有满腔读书的热情。现在，她通过合理地安排时间，每年轻松读 100 多本书，甚至不阅读的日子就会浑身不自在。虽然阅读不能当饭吃，可是不阅读浑身没力气，这让她完全体会到了"精神食粮"的重要性！

　　正如新东方联合创始人王强所说：人生最大的捷径，就是读一流的好书。作为普通人，我们也可以从此刻开始读书，不要再拿没时间当借口。当你在意识上开始重视读书时，你将打开一个全新的世界，用读书打造你的竞争力，用读书为你的成长赋能，用读书绽放你的生命之花。

第 2 节
明确读书的七大好处

1. 驱动你的是内在动机，还是外在动机

　　好多小伙伴读书都是三分钟热度，无法长期坚持下去。由于读书缺乏即时反馈，读着读着你可能就放弃了。这让我想到了之前偶然间读到的一个小故事，下面来分享一下。故事的名字叫《你在为谁而"玩"？》

　　一群孩子在一位老人家门前嬉闹，叫声连天。几天过去后，老人难以忍受，辗转反侧间，他终于想到了一个好办法。于是，第二天，他出来给了每个孩子 25 美分，对他们说："你们让这儿

变得很热闹，我觉得自己年轻了不少，这点钱表示谢意。"孩子们很高兴，第二天仍然来了，一如既往地嬉闹。老人再出来，给了每个孩子15美分。他解释说，自己没有收入，只能少给一些。15美分也还可以吧，孩子仍然兴高采烈地走了。第三天，老人只给了每个孩子5美分。

孩子们勃然大怒："一天才5美分，知不知道我们多辛苦！"他们向老人发誓，他们再也不会为他玩了！

这个故事可以从心理学角度来解读。从心理学上来讲，人的动机分两种：内部动机和外部动机。

内部动机与活动本身有关，由于做某种事能激发人的兴趣，令人愉快，因此参与活动本身就是行动者所追求的目的。在故事里，小朋友最开始嬉闹玩耍，叫声连天，就是出于内部动机。

外部动机，指那种不是由活动本身引起，而是由与活动没有内在联系的外部刺激或原因诱发出来的动机。在故事里，小朋友们最后为老人给的钱而玩，就是出于外部动机。

在这个故事中，老人的算计很简单，他将孩子们的内部动机"为自己快乐而玩"变成了外部动机"为得到钱而玩"，而他操纵着钱这个外部因素，所以也操纵了孩子们的行为。

我们可以将这个故事中的道理用于读书，用外部动机来操控自己读书的行动。如果你想将读书这件事长期坚持下去，建议你在读书前，先明确你读书的好处，即外部动机。尤其是在一开始内部动机不足的情况下，不妨找到你读书的外部动机。

慢慢地，当你在外部动机的驱使下，真正感受到读书的快乐并爱上读书时，你就变成了一个受内部动机驱使而读书的人。那时，你就算想停，也停不下来了。

2. 读书的七大好处，你一定要知道

读书有以下七大好处，如图 1-1 所示：

图 1-1　读书的七大好处

增长知识，升级认知　开卷有益。通过读书，你能不断汲取各种知识，上知天文、下知地理。读书能升级你的认知，带你探索未知的世界，这是读书的第一大好处。有些小伙伴反馈，平时工作很忙，只读和工作有关的书。但后来听了我的建议，他们按照我列的书单，读了很多非工作相关图书，这帮他们打开了新世

界的大门。有些书，如果不是我推荐，他们光看书名，可能一辈子都不会想去读。这些非工作相关图书，不仅增长了他们的知识，也让他们在与同事们聊天时，更有谈资，让同事们对其刮目相看。

调整情绪，提升能量　读书时，你告别忙碌与浮躁，整个人的状态是安静的、专注的，这能帮你调整情绪。尤其是一些积极心理学方面的书，更能帮你调整情绪与能量。新冠肺炎疫情期间，有一位孙老师在机缘巧合之下决定和格格一起读书。当时，她的创业项目受到重大影响，正在经历人生的至暗时刻。但正是在一本本书的陪伴下，她在特殊时期，获得了一种特殊的能量和心灵的平静。书籍，是你随身携带的精神避难所。

增加输入，提升口才　好多人一想到提升口才，就是动辄花几千元甚至几万元，去学各种线下的演讲课。其实，演讲是输出，读书是输入，在你通过读书提升了输入水平后，在输出时，自然言之有据，更加自信。

有一位书友叫小虾米，当我认识她时，她为了学演讲已经花了 4 万多元，遍访名师，依然效果不是特别明显。后来，她在我的指导下，先从读书入手去提升输入水平，然后通过写书评锻炼逻辑思维能力、语言表达能力，再通过线上 / 线下读书分享来提高演讲能力。通过不断地刻意练习，现在，她已经是很多人眼中的演讲达人。

父母读书，孩子受益　很多小伙伴不仅自己听了格格的建议，养成了每天阅读的习惯，更让人惊喜的是，好多家长反馈，因为他们每天读书，孩子也跟着养成了每天读书的习惯。给孩子最好的教育，就是言传身教。父母读书，孩子受益。让孩子从小养成阅读习惯，是他们一生的财富。

有一位书友叫蒋芳杰，她在读书营期间，为了读书，每天坚持早起。结营时，她不仅养成了读书习惯，她的儿子也习惯了在妈妈每天读书时，自己主动跑过来，拿一本书和妈妈一起读。甚至，现在她儿子外出时，也要带上几本书才肯出门。

各种问题，书中有解　樊登老师曾经说过一段话，我深以为然。他说："书是绝大部分问题的出口。那些让人冥思苦想的问题，关于爱情、升职加薪、创业，大部分人都经历过。而且，这些问题中的大部分都已经被解决，写成了书。大量阅读，答案自现。"

我的创业过程，也并非一帆风顺多。在一次次遇到问题时，也是一本本书为我提供解决方法，给我提供能量，比如《第二曲线创新》《反败资本》《心：稻盛和夫的一生嘱托》等。相信你的问题，也会在书中找到答案。

养成习惯，终身学习　成甲老师在《好好学习：个人知识管理精进指南》中写道："拥有学习力，才拥有终极竞争力。"这是一个竞争激烈的时代。只有终身学习者，才能不被淘汰。在所有的学习方式中，读书是性价比最高的方式。当你养成每天读书的习惯时，你就拥有了终身学习力，它能让你跟上时代的步伐、帮你打造终极竞争力。

有一位书友吴阿姨已经 74 岁了，但她还是和大家一起读书学习，一起听课写作业。吴阿姨是终身学习的典范，她用她的精神感染着大家。她说，读书学习就是她的生活方式。

影响他人，极致利他　有些小伙伴，在自己爱上读书、因读书而受益后，也开始传递读书的力量，成为一名阅读推广人。在利他付出中，感受到了一种别样的快乐。

有一位书友 CannaXie 自从大学毕业后，读书一直断断续续。

后来听了我的建议开始每天读书，现在，对她来说，读书就像吃饭睡觉一样，变成了她的日常。而且，她还在公司成立读书会，带着团队一起读书学习。团队在她的带领下，个个正能量爆棚，士气无比高涨。其运营的团队在公司十多个小组的激烈竞争中，连续 3 个月取得冠军。

总之，读书对于许多人来讲，更像一个成长触发器和发动机，推动人们开启了一趟神奇的个人成长旅途。读书，带来的不仅是智慧，还有一种促人前行的、向上的力量。

阐述以上七大好处，只是为了抛砖引玉。

有一位书友 Amy，在读书的滋养下，生活不知不觉间发生了很多的变化。通过阅读，她更加温柔和宽容了。通过阅读学会了亲密关系相处之道，学会了亲子相处之方。进行了一轮亲子主题阅读后，她对于育儿不再像孕期那么迷茫，对孩子成长历程心中有数，对孩子出现的状况，也有了应对之法。孩子爸爸也跟着她开始阅读。通过阅读，她发现自己更加自信、更加开阔、更加豁达。通过阅读，她还影响了身边的人一起读书，包括大学同学、初中闺密等。

其实，只要你掌握正确的读书方法，你也可以轻松完成每年的阅读目标，甚至超额完成都不在话下。阅读目标如此，生活中其他目标也是！

感谢读书带给人们的滋养和力量。正如白岩松所说："在生命的不同阶段，不同的书籍给你填注了不同的营养。有趣的是可能你都把它忘了，但是在遇到某一个事情，或者思考某一个问题的时候，你曾经读过的一本书，还会再次帮助你和激活你。"

此刻你不妨问问自己，你到底为什么要读书？只有想清楚了你的读书目标，明确了你读书的外部动机，才更容易将外部动机转为内部动机，慢慢地真正爱上读书，将读书坚定地进行到底。

〜 第 3 节 〜
只读对的书，保护你的阅读兴趣

在读书时，好多人因为读了错的书，影响了阅读兴趣，误以为自己不爱读书。其实，这就像吃饭一样，萝卜青菜，各有所爱。你不是不爱吃菜，你只是没有吃到你喜欢的菜而已。只要你读到对的书，吃到你的那盘菜，你也会爱上阅读。

有些人对书有一种莫名的神化心理，这也需要打破。客观来讲，图书也是一种商品，商品中，自然有好的，也有差的，千万别被差书影响了你的读书欲。

因此，在读书前，你先要选对的书来读，保护好你的阅读兴趣。那么，如何选到对的书呢？以下七种方法可供参考。

参考豆瓣评分　豆瓣（www.douban.com）是一个社区网站。网站创立于 2005 年。该网站以书影音起家，提供关于书籍、电影、音乐等作品的信息，无论描述还是评论都由用户提供。简单来说，豆瓣就相当于书的大众点评。在上面，通常只要你输入书的名字，就能查到书的打分和书友们的长书评、短书评，还有读书笔记。因此，每读一本书前，我通常先查看豆瓣，只有觉得书的内容比较适合自己，而且书友们评论确实不错，才会决定去读这本书。因为，如果你读了错的书，它不只浪费你的金钱，更会浪费你的时间和精力。豆瓣上书友对书的评分和点评，可以帮你选对好书。

参考出版机构　通常，出版机构是一本书的质量保证。你可以看下你的书柜，通常哪家出版机构的书最多，以后就可以重点关注一下这家出版机构的动向，及时获得新书信息。比如，我很早就发现，我买的书中，中信出版社、电子工业出版社的书相对多一些。这说明，这两个出版社的出书方向和我比较匹配。因而，我就关注了这两个出版社的公众号，以及时获取最新的好书信息。

找到优秀作者的其他好书　作者也是一本好书的质量保证。你有特别喜欢的作者吗？如果对某个作者的作品很感兴趣，你可以把他所有的作品都读了，那是一种非常爽的阅读体验。比如，我因偶然读到吴军老师的《见识》，特别欣赏他的博学，一下子就收了他的好几本书来读，包括《态度》《格局》等，后来才知道，这是他的"认知三部曲"。

查看书中的推荐清单　有些作者在写书时，特别喜欢引用别人书中的观点。这些也都是好书的线索。甚至，有些作者还会特意在附录中，整理他的引用书单。

比如，成甲老师的《好好学习：个人知识管理精进指南》中不仅引用了很多好书，还非常贴心地在附录中放了一个宝藏书单，供你寻宝。

查看书后的参考书目　通常，每本书后都会有相关的参考书目。这也是非常重要的好书集结地，你千万不要错过。

比如，周岭老师的《认知觉醒：开启自我改变的原动力》，后面的参考书目是他本书思想的来源，每一本书都是与认知相关的经典好书。

巧用听书产品选书　现在，市场上有各种听书产品，如樊登读书 App、得到 App 等。这些听书产品，通常会严格筛选要推荐的图书。所以，你在听书时，如果听到你感兴趣的书，再去阅读，这样读书就会更高效。甚至，你不必听书，就可直接参考他们的书单，去选择你感兴趣的书。这里想强调一点，听书并不等于读书。听书通常都是别人读书后，选取书中某些观点为你解读。要想知道这本书的精华和乐趣，你一定要自己去阅读。

主动拓展认知边界　在读书之初，人们通常都是读自己喜欢的书，这是人之本性。但是，在你慢慢养成阅读习惯后，要尝试跳出舒适区，去读你不想读、不常读的书。因为，每个人的认知都是有限的。你可以去找"牛人"推荐好书，这将帮你打开一个个未知的世界。特别是找你的同事、领导、老板帮你推荐好书，也许会有意想不到的效果，助力你的职场发展。

总之，以上七种方法可以帮你高效选对好书。读好书非常重要，每个人的时间、精力有限，每天需要做的事情也非常多。把有限的时间、精力用来读好书，更能体现出读书的价值。并且，随着你阅读量的提升，对于图书的分辨能力也会提升。到时，你也可以帮你的朋友们推荐好书了。

读对的书，是你爱上阅读的开始。

～ 第 4 节 ～
如何运用六大阅读法

经过我 10 多年的实践，总结出了六大阅读法，即正常阅读、快速阅读、精细阅读、主题阅读、复习阅读、暂停阅读，如图 1-2 所示。

图 1-2　六大阅读法

这六大阅读法，经过无数书友、朋友、学员们亲测有效，能帮你轻松每年读 100 多本书。

　　首先，在运用六大阅读法前，你需要先和一本书去"相亲"，好判断到底用哪一种方法。那么，该如何"相亲"呢？在阅读前，你要去看这本书的封面、封底、目录、序言。这时，你肯定会不由自主地提出一个或几个与书相关的问题。带着你的问题去读书，这更有利于你激发好奇心、去书里找答案。带着你的问题去读书，你也会在读书时更加专注。

　　紧接着，你要进行阅读前的评估。你需要认真地去读你选的书的第一章，根据书中的内容做出决策，到底该用六大阅读法中的哪一种阅读方法才最适合。

1. 正常阅读

　　所谓正常阅读，就是正常地一字一句地阅读。如果你在读书的第一章时，觉得自己挺喜欢这本书，那么，你就用正常阅读法，沉浸于书中，享受读书带给你的快乐。尤其是阅读小说、散文、诗歌时，特别适合用正常阅读法。这是你从小就非常熟悉的阅读方法，此处不再赘述。

2. 快速阅读

　　所谓快速阅读，即用快进的速度去读书，让你在读书时非常有成就感，30 分钟搞定一本书。如果你读的这本书，是实用类图书，即讲方法类的书，比如《如何阅读一本书》《超级转化率》《时间管理 7 堂课》等，那么，你就可以用快速阅读法。快速阅读法，听起来很神奇，其实人人皆可掌握，只需三步。

　　第 1 步　感兴趣，锁定目标　在快速阅读时，要先看目录，明确重点读哪章。凡是你感兴趣的章节，就在目录处，用笔做上标记，随后再去重点阅读。

比如，秋叶的书《时间管理7堂课》共包括7章：目标管理、情绪管理、精力管理、日程管理、效率管理、碎片管理、外包管理。我在看书时，对他的日程管理最感兴趣，会重点阅读。其他章节，如外包管理，是我一直在做的事，所以扫一下就可以迅速带过。

第2步　快速过，直击重点　在锁定你感兴趣的某个章后，要进行重点阅读。

所谓重点，是文章的行文结构决定的。实用类图书，通常都是用"金字塔结构"去写作的，所以重点的位置非常明确。

通常，文章的重点在以下几个位置，包括：每章开头/结尾、每段开头/结尾、图表。有的书，书中重点会用加粗字体标注出来。有的书，在每章最后，还有本章重点总结。这些编辑们标注出的重点，一定不要错过，都是书中精华所在。

注意，你在快速阅读时，要以文中的"小标题"为线索。对小标题感兴趣，才去读所谓的重点内容。如果没兴趣的话，直接看下小标题，了解大意，即可迅速略过。

第3步　看书评，查漏补缺　很多人在快速阅读时不放心，总担心会遗漏重点。别担心，你可以去豆瓣，查看这本书排在前三位的书评。豆瓣上的书评是按点赞数排序的，你直接看前三篇优秀书评，就不用担心遗漏重点了。

通过以上三步进行快速阅读，可以帮你30分钟搞定一本书。

但是，在快速阅读时，也有五大注意事项，为你的快速阅读保驾护航。如果不注意这五点，你可能还会停在原地，想快也快不起来。

快速阅读五大注意事项：

不仰视 书也是一种商品，不是所有的书都质量特别高，值得你投入 100% 的精力阅读，要带着批判的眼光去读书。并且，书就是为你服务的。你需要用书中内容为你的需求服务，而不是反过来，让你自己完全臣服于一本书。

破执念 不要一字一句阅读，因为，你落下的内容可能根本不重要；豆瓣书评会帮你了解书中重点。读书时一个字也舍不得放过，这个执念一定要破。如果执念不破，你可能根本就快不起来。

读对书 再强调一次，只有实用类图书，才适合快速阅读。不是所有书都可以快速阅读。比如，小说就不适合快速阅读。对于文学作品，你阅读时，就安心沉浸在文字的世界里，一字一句享受阅读的乐趣吧。

忌贪心 有些人快速阅读后，又问我为什么记不住。做人不要太贪心。你已经 30 分钟读完一本书，就完成了快速阅读的任务。关于如何记住书中内容，本书后面会详细说明。

别着急 快速阅读时，你不要着急，要给自己一个成长的时间。快速阅读是一项技能，任何一项技能都需要通过刻意练习，才能真正被掌握。如果最开始，你能 1~2 小时读完 1 本书，也是巨大的进步。慢慢地，你才能做到 30 分钟读完 1 本书。在这个练习的过程中，你不要和别人比，因为每个人的基础不一样。你只需要和从前的自己相比有进步就好。

3. 精细阅读

所谓精细阅读，就是精耕细作式阅读。对于非常经典的好书，你需要非常认真、一字一句地读，并且一边读一边思考。好书值得你读 10 遍以上。

比如，有一个书友鲁晓东，他特别喜欢稻盛和夫的《活法》，他已经把这本书反复阅读了 20 多遍。每当生活中遇到困境时、心情不好时，他就从这本书中汲取能量。

建议你可以列一个经典书单，每年刷一遍，这些书你会常读常新，这些书会给你无穷能量。

4. 主题阅读

所谓主题阅读，就是围绕某个主题进行阅读。这是一种常用的解锁某个领域的学习方法。

比如，我当年从英语编辑转做运营时，工作没人带，我觉得对工作无从下手。于是，我就买了大量的运营书来学习，包括《运营之光》《超级运营术》《从零开始做运营》等。通过阅读这些书，我对工作迅速上手。

比如，如果你对稻盛和夫的书感兴趣，就不能只读《活法》，还可以再读下他的其他精典书，包括《干法》《六项精进》《成法》《心：稻盛和夫的一生嘱托》等。在读的过程中，你会发现，中国明代学者袁了凡所写的《了凡四训》对稻盛和夫影响非常大，让稻盛和夫获得人生的顿悟，所以最好一起阅读。通过阅读这些书，就能对稻盛和夫有一个更加全面的了解，从而深入理解稻盛哲学。

很多老师在备课时，也会用这种方式。混沌大学的李善友教授，就在博览群书后，开发了混沌大学的课程，得到了很多学员的认可。

主题阅读能让你迅速成为某个领域的高手。那么，主题阅读的书从哪里挑选呢？

首先，你可以询问你周围的高手，请他们推荐相关的书单。其次，你也可以自行上网查找。比如，你可以到豆瓣网站上，先用相关的关键词进行搜索，再根据网友们的评价，挑选 10 本该领域的经典好书来读，这能帮你事半功倍地掌握这个领域的主要知识。

5. 复习阅读

所谓复习阅读，就是当你读完一本书后，不要立即把书收入书柜，而是应该先复习书中的主要内容，再将书收入书柜。

人类天生就爱遗忘，谁也不可能读完一遍就记住书中所有内容，这是一种妄念，你要放弃。想想当年你读书考试时，哪一次不是在考试前反复地复习，才能记住所学知识呢？

德国心理学家艾宾浩斯（H. Ebbinghaus）研究发现，遗忘在学习之后立即开始，而且遗忘的进程并不是均匀的。最初遗忘速度很快，以后逐渐缓慢。学得的知识在一天后，如果不抓紧复习，就只剩下原来的 25%。随着时间的推移，遗忘的速度减慢，遗忘的数量也减少。据说，有人做过一个实验，两组学生学习同一段课文，甲组学生在学习后不复习，一天后记忆率为 36%，一周后只剩 13%。乙组学生按艾宾浩斯记忆规律复习，一天后保持记忆率 98%，一周后保持 86%，乙组的记忆率明显高于甲组。由此可见及时复习的重要性。

因此，我们在读书后，也需要进行及时的复习，才能解决读完书就忘的问题。只是，很多人在离开校门、进入社会工作后，就忘了艾宾浩斯遗忘曲线、忘了要去复习了。

6. 暂停阅读

所谓暂停阅读，就是你在读一本书时，如果实在读不下去，就先把书放一阵再读或者干脆送人。

为什么放一阵再读呢？因为以你当下的认知水平可能读这本书有些吃力，但过一阵，你的认知提升、理解力池子变大后，再来读这本书，可能就会获得巨大的共鸣。

为什么干脆把书送人呢？送人玫瑰，手留余香。如果一本书你读得实在吃力，干脆送给有缘的小伙伴，也是美事一桩。

比如，有一本经典书《穷查理宝典》，很多朋友都反馈，觉得书太厚，挑战阅读屡战屡败，没有一次读完，越读越有挫败感。那不如干脆放过自己，先不读，或者干脆送给身边的有缘人吧。关于暂停阅读，你完全不用自责，这只说明你和书的缘分未到，随缘就好。

据说，一个朋友曾经问查理·芒格："如果感受不到阅读本书的喜悦，该怎么办呢？"他得到了芒格式的回答："没关系，请把这本书赠给更有智慧的人。"

以上就是六大阅读法。综合运用六大阅读法，你能每年轻松读 100 本书。

有一位书友 Tobey，听从我的建议，从很少读书、喜欢玩游戏，到告别玩游戏、每年轻松读 100 多本书。最开始，她在几天内看完一本书，这带给了她很大的成就感和满足感。再加上我建议她去写读书后"践行清单"，她真正开始去践行书中内容，感受到了阅读和行动带给她的变化，这给了她新的动力继续阅读，形成"阅读—践行—阅读"的闭环，进入了读书的正循环。

在不知不觉中，她的生活、人生因读书发生了巨大的改变，她开始相信阅读的力量。通过多读书，她明显感受到自己成长了特别多，之前她很害怕变化，觉得自己没做好应对改变的准备，常常对未知充满了恐惧和焦虑，缺乏安全感。在阅读很多书后，她发现自己更加能拥抱变化，看待突发事件更加平和，相信一切都是最好的安排。历史总是惊人的相似，问题在书中总有解决方案，只有暂时没找到，而不是无解。安全感是自己给自己的，来自笃信自己未来会更好。通过多读书，她从追求速成变为长期主义者。过去的她希望一切都能快速出结果，追求时效性和功利性，活得很浮躁，对很多内容、学习都浅尝辄止，没有长期的兴趣爱好和有成果的里程碑事件。但是，在一本一本书的阅读中，她开始慢慢相信时间的力量，开始相信一点点地自我突破和进步，最终都会汇聚成大的进步和成就。她慢慢成了一个有"长期思维"的人，不再以短浅的目光去评判得失，不再急于求成。

这就是解锁六大阅读法、坚持阅读的力量。相信你只要方法正确，也能每年轻松读 100 本书，发现你的读书收获和乐趣。

～ 第 5 节 ～
养成读书总结好习惯

有效的学习，不仅要有输入，还要有内化吸收的过程。读书是输入。为了更好地内化吸收一本书的内容，你还需要在读书后及时进行读书总结。及时总结，也相当于一种复习，帮你解决读完就忘的问题。

读书时，你要记笔记。很多人读书时，特别爱惜书。一本书读完，一个字也舍不得写。这是错误的读书方式，必须改正。正确的读书方式是"毁书不倦"，即一定要一边读书一边记笔记。一本书上只有记上你的所思所想，才是你真正读过的书。

1. 记笔记的小妙招

画线　读书时，你需要手拿一支笔，凡是读到你认为重要的或触动你的句子，就在下方画线。当然，你也可以画星星、三角、波浪等，你也可以用不同颜色的笔来标记，这完全取决于你自己的阅读习惯。

折页　读书时，不仅要画线，还要折页。折页的意思是提醒你自己，这里是笔记或重点的出处，方便你后期查看、快速定位。比如：你可以在书左下角／右下角的位置折页，提醒自己这里是笔记出处。你可以在左上角／右上角的位置折页，提醒自己这里是重点中的重点，需要特别关注。

写批注　读书时，如果你有什么想法，直接写到书页上就好。想法转瞬即逝，记下来可防止遗忘，且方便今后查看。

贴便签　如果你实在不舍得在书上写字，还可以贴便签，在便签上写下你的想法。同时，如果想写书评或讲书的话，便签也可以帮你记下想法，更方便你直击重点。

有一位书友叫淡水迷柚，她说自己过去读书时，只是眼到但心不到，明明不会读书却假装努力。以前，她对书充满敬畏，舍不得画线，舍不得折角。看前拆书封，看完重新装回去。一本书看完，和新的一模一样，不会留下任何痕迹。看书的时候，也是动眼不动手，不画线、不摘抄、不写笔记。每开一本新书，都是从头看到尾，不分主次、不找重点、不总结思考，看完就算完成任务。但是，她发现，看了那么多小说，也没有记住什么优美的句子，没有学会小说的结构，更谈不上什么深刻的思考。读书，成了她的心理安慰，成了努力的假象。

后来，她听了我的建议，打破了对书的敬畏心。她把买了很久，因为平装一直没看的《向上生长》掰成了四瓣，该画的画，该折的折，带到公司去阅读。这种记笔记的能力，让她学会去抓重点、做记录，并思考总结。工作时，她不再害怕遇到突发事件，处理事情也更加得心应手。每个星期，她不仅会写读书复盘，还要做工作总结，把收获、不足、改进思路记录下来，一点一点地积累经验。以前觉得棘手的问题，现在也能很快梳理好解决思路。没想到，因为看书这件小事，她的生活和工作全面"开挂"！

2. 读书后，你要及时总结

光记笔记不行，因为记下来并不代表就会内化进你的大脑。你还需要进行读书笔记的总结。一方面，这能帮你及时复习，强化记忆，另一方面，也能帮你创造阅读的即时反馈，让你超级有成就感。

那么，该怎么总结呢？常见总结方法有以下 5 种：

用笔记本摘抄　用笔记本摘抄书中的重点或金句，是从小学时大家就习得的总结方法。这个方法虽然有些传统，却也是强化记忆的好方法。而且，在写字时，你会产生一种独特的静心体验。

做读书笔记 PPT　在读完后书，你可以整理书中重点，做出读书笔记 PPT，这也是非常厉害的总结方法。如果觉得做 PPT 太难，可以直接从网上去找 PPT 模板来套用，既方便又省事。

做思维导图　在读完后书，你可以整理书中重点，做出读书笔记的思维导图，这是现在非常流行的总结方法。如果你不会手绘思维导图，也可以用 Xmind 等软件来制作思维导图，轻松易上手。做思维导图，可以让书中重点非常清晰，也可以帮你梳理书中的逻辑。

写书评　在你读完书后，如果心有所感，也可以写出书评，并在豆瓣等平台上发布，与其他书友分享你的所思所想。写书评不仅能锻炼你的逻辑思维能力和语言表达能力，也许还能帮你挣到稿费、赢得意料之外机会，可谓一举多得。

有一位书友荆白雪，就是用写书评这种方式，来"输出倒逼输入"，让阅读更有效率的。她说，她很早就发现读过的书没多久就忘了，时间再久点，当年最爱的小说的主人公甚至都不记得了。那时候，有人说，读过的书，就算忘记了，也会藏在你的气质里，于是她深信，只要一个劲儿地读书就好。后来，她听了我的建议，开始用输出倒逼输入，她写书评、写复盘、写晨间日记，将书中的知识提炼出来真正为己所用。在输出中，她读书更有获得感，看书更有劲头。2020 年她在微信公众号总共发了 38 篇文章。看着自己的思想一点点汇聚成文字，她莫名有一种成就感。并且，她因为写书评，也在公司得到了同事们的认可，这为她职场发展助力不少。

填读书笔记表格　但是，很多人都反馈以上几种方式比较费时费力，不太容易长期坚持。因此，我精心设计了读书笔记模板（见图 1-3），只要你用 A4 纸打印一下，就可以轻松填写。

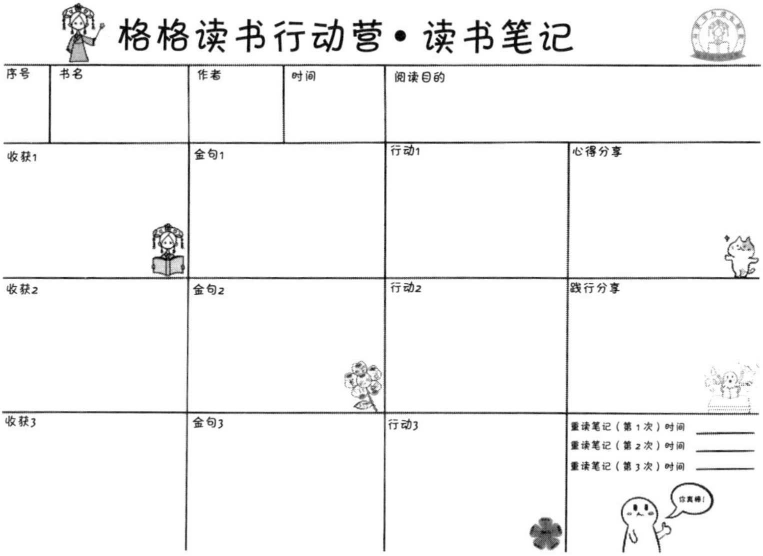

图 1-3　读书笔记模板

关于读书笔记模板的解释——

收获：是指你读书后的感悟、心得。

金句：摘抄书中的金句即可。

行动：是指你读完后，要根据书中内容，采取什么行动。

心得分享：是指你输出的书评、线上 / 线下分享、视频、直播等。

践行分享：是指你"行动"一段时间后的输出分享。

重读笔记：重读后填写即可。

读书笔记模板可帮你在读完书后，不用费劲就轻松完成总结输出。你填完的读书笔记，将一本书的重点轻松总结在了一张纸上，更易于你去理解吸收。同时，这样的读书笔记如果发到朋友圈，也非常吸引眼球，能帮你赢得很多点赞，让你的成就感爆棚。

注意：

（1）通常，读完一本书，做一页读书笔记即可。如果你遇到特别喜欢的书，也可以每一章做一页读书笔记。

（2）通常，你需要固定场景来重读读书笔记，至少重读笔记3次才会帮你更有效地记住读书笔记内容。建议可以将每周末或每月底，作为固定的重读读书笔记时间。

（3）大脑更喜欢视觉化的信息，如果你用不同颜色的笔去填写，可能效果更好。

总之，读书时记笔记、读书后总结笔记，能帮你更好地内化吸收一本书，真正地让书融入你的大脑中，为你所用。

关注公众号"格格吉祥"，回复"笔记"，领取读书笔记模板PDF版，方便你打印使用。

3. 如何读出书中黄金屋

富家不用买良田，书中自有千钟粟。

安居不用架高堂，书中自有黄金屋。

出门莫恨无人随，书中车马多如簇。

娶妻莫恨无良媒，书中自有颜如玉。

男儿若遂平生志，五经勤向窗前读。

宋真宗赵恒的《劝学诗》，你一定不陌生。对于书中自有黄金屋，相信一般人都不会反驳。但真正的问题在于，如何读出书中的黄金屋？

经我多年实践发现，想读出书中黄金屋，你需要做到以下三点：

第一点：光读书没用，一定要进行读书分享

读书是输入的过程。光读书并没有用，你还要进行读书内化，并进行读书分享。读书分享能锻炼你的逻辑思维能力、语言表达能力，帮你更好地吸收消化书中内容。同时，进行读书分享，能让别人看见你的才华，从而为你赢得更多的机会，读出书中黄金屋。

比如，有一位书友小虾米，就是通过读书分享读出书中黄金屋的典范。

之前，她除了与工作相关的书，其他书根本不读。但是，通过跟着我一起多读书，她读了很多非工作相关的图书，增长了知识、开拓了眼界。接着，她按照我的指导去写书评，这锻炼了她的逻辑思维能力和语言表达能力。之后，她会在线下活动时，进行读书分享，这锻炼了她的演讲力，也让她拥有了很多粉丝，拓展了人脉，打造了个人影响力。同时，她在公司里和同事、老板聊天时，也变得特别有水平，不时会冒金句。书中的知识升级了她的认知，慢慢地，她能够和老板在一个水平上沟通，她也因此赢得了老板的欣赏和信任。最终，2019 年年底，她在公司获得最高奖，并领到公司发的奖励。在这个过程，她也变得越来越自信、有能量，心情也越来越好，她也成为许多人眼中的励志达人。

她的故事激励了很多小伙伴，让人感受到了读书的强大力量。

第二点：光读书没用，一定要极致践行

有一句话叫"书到用时方恨少"。平时，你在读书后，真的用过吗？好多人读书，只是沉浸在读书本身的快乐和发朋友圈炫耀带来的满足感中，生活似乎并没有发生太多的改变。

你读了很多书，依然过不好这一生。书并没有错，错在你身上，是你读书的方式不对。

正确的读书方式是，在读书之后，要去写"践行清单"，即你读之后要做什么，用践行清单提醒自己去践行。

如何写践行清单？

（1）读完之后，在复习读书笔记时，对重点（折页＋画线处）进行整理。

（2）凡对你有启发的地方，就贴上一个"便利贴"，写出你的"践行清单"，即你受此启发想做什么。

（3）在你写出"践行清单"的书页上，把书左上角／右上角双折页，提醒自己这里是践行清单的出处，方便日后回查时快速定位。

（4）最后，把你的"践行清单"都贴到你的写字台上，以提醒自己去持续践行。

写践行清单的注意事项：

（1）你的"践行清单"事项要少，不要贪多。

读完每本书后，你的"践行清单"上最多写3项即可。因为你的时间和精力有限，只要你极致践行其中一点，就会让生活发生巨大的变化。

（2）你需要持续践行，让改变发生。

"践行清单"光写出来没用，还需要你去极致践行，真正做到知行合一，让改变看得见。不然，你读了很多书，可能也依然过不好这一生。

有一位书友荆白雪，听了我的建议去写践行清单并极致践行，让阅读真正为己所用。现在她习惯了每读完一本书就从书中寻找一到三个观点进行践行。比如读了《神奇手账》这本书，她开始写手账，记录每天的生活，记录每天的所感所想；读完《被讨厌的勇气》，她开始练习分离自己和他人的课题，不再过度在意他人的看法，更加听从内心的呼唤；读完《小狗钱钱》，她开始在晨间日记中加入成功日记模块，也开始学习理财，尝试基金定投。

在坚持践行中，她不断地通过阅读来优化个人的工作和生活。2020 年年中，她提出了离职，因为从每天的晨间日记和每月的复盘中她知道了她并不喜欢这样的工作，大半年的阅读践行给了她自信，她相信能找到更满意的工作。其实在 2019 年年底，她就想要离开公司了，那时却因为不自信选择了默默忍受。

现在，她在一家很满意的公司和一群志同道合的朋友做着充实的工作，她很喜欢现在的工作，而这次跳槽竟让她的工资涨了一半。

当你变得自信时，你会发现世间所有的美好都会与你不期而遇。而读书和践行，给了她自信、勇气和力量。

太阳底下没有新鲜事，所有生活中的问题，都能在书中找到答案。我们阅读很大程度上是希望通过阅读帮助我们解决问题，那么"践行"就是阅读带来的最大复利。希望你也能在读书后极致践行，让改变看得见。

第三点：光读书没用，一定要践行后再次分享

做人不能太低调，这是一个打造个人品牌的时代。你不仅要持续践行，还要在践行取得成绩后，去积极地进行分享。

你可以通过写作、线上 / 线下分享、短视频等形式，去分享你的心路历程、成长心得等，以此来打造个人品牌、扩大个人影

响力。你不知道哪一次对外分享，就会帮你产生意外的链接。也许是链接到一个生命中的贵人，也许会为你带来合作机会，也许会为你链接到资源，等等。通过分享，你能打开人生的更多可能。

【读书达人故事】

读书，打开自己能力的边界，遇见更好的自己

作者：张亮

我是张亮，职业是同传译员，因为平时工作很忙，同传工作又特别要求专注力高，也经常出差，所以，尽管非常想多读书，但是经常觉得自己"没时间读书"。

但是，格格老师改变了我的"执念"，她说：俞敏洪每年读50多本书，当年他在北大读书时，4年读了800多本书，平均每年200多本。柳传志也有读书的习惯，并把自己放在书里面的人的位置去思考"我如果是他会怎么做"。巴菲特每天会按时起床，花大量的时间阅读各种新闻、财报和书籍，且六十年如一日。查理·芒格说："只要我手里有一本书，我就永远不会觉得浪费时间。"而且他和巴菲特互称对方为一个长着两只脚的书柜。比尔·盖茨一年大概阅读50本书，还经常向别人传授读书的技巧。

听到这些后，我非常羞愧：我再忙，也没有他们忙。因此，我开始读书，并养成了爱读书的习惯。

1. 读书让业余时间变得无比有价值

读书，让早起有了动力。一定有很多像我一样在大城市生活的人，工作特别繁忙，所以，去哪里找时间读书？早起。

我开始早上 4:50 起床读书。这样做了之后，我发现，我每周一定能读完一本书，而读了书的自己，是喜悦的，是成长的，是柔和的。读了《非暴力沟通》后，我知道，最重要的，无非是倾听对方的需要，了解别人的感受，表达自己的感受和需求，提出自己的请求。我也读了《爱·种子》，它让我了解的是：一切来源于自己——你的怒气、求而不得或财富、成功都来自你自己——是你自己以前种下了让别人生气、不能如愿或布施、帮助他人的种子，换来了自己的"果实"。而这，也就揭示了心想事成的方法：种种子！简而言之，你想得到，先帮别人得到。比如，你想得到一个冰淇淋，那么先给想吃糖的孩子一块糖；如果你想得到一个一生相伴的爱人，那么去陪伴敬老院的老人、去陪伴自己的父母；如果你想得到财富，那么去布施——给贫困山区的孩子每月捐 100 块钱、给滴滴司机赏个红包，或者进行时间上的布施，比如，倾听一个人的诉苦。如果你真的做了，就会发现，种子的力量不可思议，你得到的，远比你付出的多得多！

读书让我早起，而早起，让我仿佛每天赚了 4 小时的时间，这 4 小时无比珍贵，它正在一点一点地让我变成更好的自己。

而且，除了早起之外，我也学习查理·芒格——努力变成行走的书柜。地铁上的我，在读书；走路的我，在听书；躺在床上休息的我，在复习读书笔记……有书为伴，在哪里都不会觉得虚度年华。

2. 读书让心里的谜题都有了答案

《圣经·旧约》里有一句话：太阳底下没有新鲜事。杨绛先生也有一句话：人生遇到的所有问题，书里都有答案。所以，每当我遇到什么问题，我都会去问书。

比如，身为同传译员的我也在创业，但是没有商科的知识和经验怎么办？读书！不知道创业会遇到什么坎，读《创业维艰：如何完成比难更难的事》《低风险创业：樊登的创业 6 大心法》；作为创始人不知道如何管理企业，读《可复制的领导力：樊登的 9 堂商业课》；不懂营销，读《疯传：让你的产品、思想、行为像病毒一样入侵》《定位：争夺用户心智的战争》《细节营销》；不懂人力资源，读《联盟：互联网时代的人才变革》；不懂销售，读《销售就是玩转情商》……

读书对生活的积极改变也很大，比如，我很懒，但又想减肥，村上春树那娓娓道来的《当我谈跑步时，我谈些什么》，让我迈出了步子，《运动改变大脑》让我坚持运动，即便是住院时，我都要在走廊里暴走。当我焦虑时，《当下的力量》让我活在此时此地，而不陷在对过去的追忆和对未来的恐惧里。《正念的奇迹》教会我真正地活着：活着，是觉知自己的呼吸，是觉知自己在大地上行走，而当我们能够觉知我们此刻正在做什么时，我们就活在《心流》里。

3. 读书，遇见自己的偶像

我一直有一个限制性信念：经商就得尔虞我诈，而我不擅长，所以就不适合经营企业。但是，我遇见了《心：稻盛和夫的一生嘱托》《活法》《干法》《稻盛和夫哲学精要》，你一定知道我要说谁了，对，是稻盛和夫先生。每每读先生的书，总会有震撼心灵的感动："当别人问我，为何来到这个世界上，我会毫不含糊地回答'在我死去时，灵魂比出生时干净一点'""你心中描绘的蓝图，决定了你怎样度过你的一生……让自己拥有一颗纯净美好的心灵，这是我们思考如何度过人生时的一大前提，因为一颗美好的心灵，特别是为世人、为社会做贡献的思想，就是这个宇宙本身的意志""付出不亚于任何人的努力，谦虚戒骄，天天反省，活着就要感谢，积善行思利他"。每一句，都刻在了我的心上，它告诉我，善良的人，从商也可以成功，它提醒我，要做怎样的一个经营者，要做出怎样的企业，去为他人带来便利。

4. 读书，让你光彩照人

光彩照人，是照亮别人，照亮别人的，是利他之心。

以前，也知道与人为善，但是听见"利他"，总会有一种虚无缥缈感，但是在书里，我看到了利他的实相：从《干法》里，我看到了稻盛和夫先生确定"私信了无"之后，才决定去拯救日航；这是利他；从《德兰修女传》中，我看到了特蕾莎修女的诺贝尔奖获奖感言是"这个荣誉，我个人不配，我是代表世界上所有的穷人、病人和孤独的人来领奖的，因为我相信，你们愿意借着颁奖给我，而承认穷人也有尊严"，这是利他。因此，我决定践行利他，服务他人。

当我的好友 K 因为家庭问题和工作问题而焦虑的时候，我给她寄去了一本《当下的力量》；当新认识的伙伴说"当初觉得自己的使命是把优秀的外语片引进国内，而现在好像麻木了，不知道使命是什么了"的时候，我当面送她一本《臣服实验》；当好友 H 说不知道选择留在家乡还是去省会城市打拼的时候，我给她买了一本《财富自由之路》。

当我发现，自己有帮助小伙伴们挖掘自身天赋的能力之后，我去了朱丹老师的使命课当助教，作为义工帮助小伙伴们找到自己的天赋和使命。

当我从《我心归处是敦煌》里面学到，工作是一种使命，而践行使命，就要与工作合一、为工作奉献之后，我把自己的午休时间和晚饭时间都留给学生，用自己的翻译知识和经验，为他们解决学习上的问题，帮助他们找到真正的自己，告诉他们如何用天赋活出精彩的自己。

而我得到的启发是：服务生命，真的无比美好。当不为个人利益而一心去服务他人的时候，那种幸福感和满足感难以言喻。利他时，你是一束光，照亮他人，愉悦自己。

这是我与书的故事的缩影，我靠读书打破了自己专业的限制，靠读书爱上了从前总爱自我批判的自己，甚至靠读书改变了命运。所以，我真心希望每个人，无论遇到什么问题，都要相信，书是你最可靠的朋友：你迷茫时，书会告诉你答案；你讨厌的，书会告诉你如何驱离；你梦想的，书会告诉你怎么实现。愿你和我一样，因为读书，遇见更好的自己，体会内心的喜悦和幸福！

【金　句】

读书 & 行动，让改变发生！

【作　业】

请找一个安静的空间，找一本实用类图书，进行快速阅读的计时练习。并且，在读书后，打印"读书笔记"模板进行填写。

建议先用《100个基本：松浦弥太郎的人生信条》（松浦弥太郎著）这本书来练习，找一下快速阅读的感觉，再快速阅读其他书。

第2章

逻辑力：
看懂逻辑架构，吃透底层思维

逻辑这个词，说起来好像既抽象又遥远。很多人觉得上学时没有学过逻辑，也没觉得逻辑有多么重要。

但是，没有逻辑的人，读书时理解力差，抓不住重点，思维一片混乱，想不清楚；与人沟通时没法清晰表达自己，让听的人干着急；写文章时没有条理、让人不知所云；解决问题时也无法直击要点，突破瓶颈。

逻辑似乎既抽象又遥远，又在生活中无处不在。

～ 第1节 ～
为什么要提高逻辑力

　　你是不是也有类似的感觉呢？明明大家读同一本书，别人读完之后，理解超级到位，能迅速抓住重点，说出一二三。可是，你在读完之后，根本说不清楚一二三。

　　这时，有些人会觉得，自己需要提高写作力或演讲力。其实，很多人之所以不能有效输出，是输在了逻辑力上。逻辑清晰，是高效输出的保障。只是因为逻辑听起来太过抽象，所以就被很多人忽略了。

　　由于缺乏逻辑力，你可能读完一本书理解不到位，写书评无从下手，讲不出书中重点和金句。

　　相反，那些逻辑清晰的人，不仅能读书更高效、输出更到位，还在工作中表现得井井有条，更能赢得领导和同事们的信任。

　　那么，如何提高逻辑力呢？其实，从长期来看，想提高逻辑力，培养阅读、写作和思考习惯才是正道。当年，我就是靠在豆瓣上写了100多篇书评，无意识间进行了逻辑力的刻意练习。但是，这种方法的问题在于起效时间太长，而且很难坚持，只有极少数人能长时间坚持。

　　为此，我特意整理了常见的三大逻辑思维，能帮你提高逻辑力。逻辑力不仅可用于读书中，也可迁移到工作中，帮助你解决工作中的问题，迅速抓住关键，学会清晰表达，并做出准确判断。

　　希望解锁逻辑力，能帮你——

　　轻松读书：有了逻辑思维的指引，你在读书时能更快抓住重点、理解更到位。

深入思考：建立金字塔思维，提取有价值的信息，找到问题的关键，将复杂的问题变得清晰简单。

清晰表达：在做读书分享、演讲、讨论、工作汇报等与人沟通的场合，能清晰呈现自己的观点，说服听众，与他人高效沟通。

轻松写作：写出重点突出、条理鲜明的书评、策划方案、分析报告、精彩文案和 PPT 等，让人过目不忘。

高效解决问题：从基本事实切入直击要点，制定严谨合理的解决方案，突破瓶颈。

总之，逻辑力，不只是帮你读书，还能让你的生活和工作变得更高效，让你更易从人群中脱颖而出。

第 2 节
常见三大逻辑思维之金字塔结构

常见的第一大逻辑思维，就是"金字塔结构"。

1. 什么是金字塔结构

金字塔结构来源于芭芭拉·明托的图书《金字塔原理》。这本书经久不衰，广受欢迎，被译成多种文字，数次再版，常年名列各国畅销书排行榜前茅。它是麦肯锡公司奉行 40 年的经典培训教材，也是华为大学金牌讲师的荐读书籍。

作者芭芭拉·明托是哈佛商学院的第一批女学员之一，也是麦肯锡公司有史以来的第一位女性顾问。她由于在写作方面的专长，被派去伦敦帮助那些需要用英语写报告的欧洲人。此后，她成立自己的公司，开始推广金字塔原理。

现在，金字塔原理已成为麦肯锡公司的公司标准，并被认为是麦肯锡公司组织结构的一个重要部分。

简单来说，金字塔结构体现了一种高效的结构化思维。它能够帮助管理者提高逻辑性、条理性、思考力，帮助使用者清晰思考、有效表达。越来越多各行业的职场人，运用金字塔原理提升思考、表达和解决问题的能力，完成自我进阶。

金字塔结构的构成如图 2-1 所示。

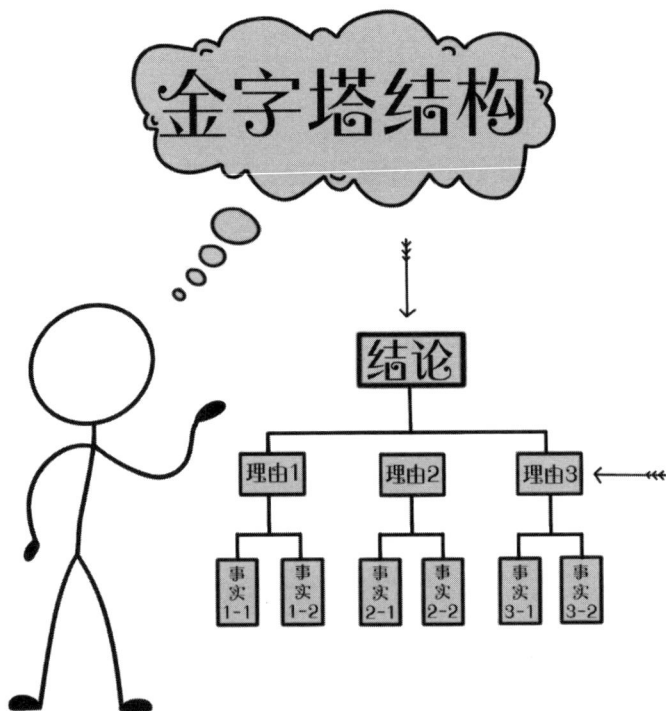

图 2-1 金字塔结构的构成

金字塔结构可以从两个方向来看。

从纵向来看，最顶端就是你的"结论"，下一层是支撑结论的不同"理由"，再下一层就是支持这些不同理由的"事实"。

从横向来看，每一个层级的理由、事实也要有逻辑。也就是说，你要通过归类分组的方式对信息进行排序。

2. 金字塔结构的四大特点

结论先行 通常，一次只表达一个思想，且都出现在文章最开头的位置。

以上统下 上一个层次的结论是对下一个层次的总结概括。

归类分组 每组中的思想必须属于同一范畴。

逻辑递进 每组的思想并不是混乱无序的，而是按照一定的逻辑顺序排列的。

总结一下，金字塔结构有论、证、类、比四大特点。

举例说明，在第 1 章第 4 节中介绍"六大阅读法"的部分，就是按照金字塔结构来写作的——

结论先行 开篇就明确告诉大家，一共有六大常见阅读法。

以上统下 然后，依次讲解六大阅读法，每个阅读法都是上一层结论的支撑。

归类分组 比如，快速阅读法部分内容最多，但这一组中的思想，不管是阅读步骤，还是阅读注意事项，都属于同一范畴，即快速阅读法。

逻辑递进 每一部分都是按照"是什么""怎么办"这一逻辑顺序来写的。每组的思想都按照一定的逻辑顺序排列。

通过金字塔结构来论述，能让逻辑清晰，听众或读者也更容易接受你的观点、跟上你的思路。

3. 金字塔结构的应用

应用 1：快速阅读

看书时，特别是快速阅读时，如果你有了应用金字塔结构的意识，就能快速识别结论、理由、事实。

（1）找到书中的"结论"

什么是"结论"呢？"结论"就是中心思想。

这时，你需要关注信息中的几个重要位置：每章、每节、每段的开头和结尾，这些都是特别容易呈现"结论"的地方。找到了结论你就抓住了重点，就不会遗漏重要信息。

（2）识别支持结论的"理由"

书中的"理由"，通常都会用数字明确标出。比如：第一、第二、第三等。找到理由，帮你直击书中重点，而不是沉浸在书中找不到方向。

（3）找出信息中有哪些"事实"

作者列举数据和不带感情色彩的事例，都是为了支撑"理由"以进行论证。所以，你在快速阅读时可以跳过不看。

举例说明，第 1 章中，"明确读书的七大好处"，也是按照金字塔结构来论述的。

结论：读书有七大好处。

理由：好处 1、好处 2、好处 3……

事实：每部分都举出学员真实案例，帮你来理解。

这样拆解之后，你是不是能更快速地阅读了呢？

应用 2：输出表达

不仅是在输入时，你在输出时，同样要用金字塔结构。

遵循金字塔结构的四大特点，能帮对方更轻松地抓住你想表达的重点，实现双方的高效沟通。

举例说明——

结论先行

读书对个人成长非常重要。

以上统下

理由 1："大咖"每天都在读书，普通人更应该读书；

理由 2：普通人能通过读书升级认知；

理由 3：普通人能通过读书打造核心竞争力。

归类分组

理由 1 中，举 3 个例子，都是成功人士：巴菲特、查理·芒格、俞敏洪。

逻辑递进

按照先讲外国人，后讲中国人的次序来排序。

总之，按照金字塔结构输出时，你需要在纵向上，做到顶层是结论，然后是支撑结论的理由 1、理由 2、理由 3，最后是客观事实；你需要在横向上，保证每一组要点都有一定的规律和分类，彼此也是有逻辑关系的。

金字塔结构帮你清晰表达。让你在做读书分享、演讲、讨论、工作汇报时，都能清晰呈现自己的观点，说服听众，与上级、同事、客户等高效沟通。

有一位书友韦韦就是学习逻辑力的受益者，她通过运用逻辑力来高效沟通，甚至提升了工作业绩。她之前一直是个逻辑力不怎么强的人。一次和朋友约好一起去马来西亚，朋友分分钟搞定行程表，而她只能对此叹为观止。写作的时候也是如此，她就只会罗列自己的收获，俨然一位复制粘贴小能手，表达更是不得章法，想到哪儿说哪儿，虽不是"话题终结者"，也是位地地道道的跑题大王。类似的情况数不胜数。长此以往，她内心认定获得逻辑力这项技能比登天还难。尤其在最近的沟通中，因为没有清晰的逻辑力，她总会感到有挫败感，甚至开始怀疑自己，状态非常差。她个人有一个习惯，每当感到自卑的时候，就会拼命读书。即便这样，她依然生活在焦虑之中。

后来通过一位朋友的介绍，我俩相识，我指导她解锁了逻辑力。在提高逻辑力的过程中，她认为金字塔结构帮助最大，为了练习有逻辑地表达，她购买了一个小本，每当遇到重要沟通事项，她都坚持提纲先行。她会按照结论、理由和事实的方式列提纲，在沟通的过程中，不断地补充具体的内容。

她做销售工作，之前见客户，沟通总是天马行空，聊的时候很开心，结束后好像什么都没聊一样。她有个习惯，沟通后做个小复盘，请客户聊聊收获并给她提提意见，有几个熟悉的客户直接说她太啰唆，这对她的打击太大了。但是，最近见过的客户在复盘时都能谈出至少两点收获，反馈说她的介绍有理有据，简单清晰。甚至有一个见过两次的客户郑重地对她说："姐，你进步太大了！"这些都给了她莫大的动力。清晰的表达逻辑，既降低了沟通成本，给客户节省了时间，又提高了她的自信心。当然，伴随而来的则是业绩翻倍。这就是逻辑力的神奇之处。

第 3 节
常见三大逻辑思维之 MECE 分类法

一起复习一下金字塔结构：从纵向上看，最顶端就是你的结论，下一层是支撑结论的不同理由，再下一层就是支持这些不同理由的事实。从横向上看，每一个层级的理由、事实也要有逻辑。也就是说，你要通过分类的方式对信息进行排序。

说到分类，就要用到 MECE 分类法。MECE 分类法，是常见的第二大逻辑思维。

为什么要对信息分类呢？因为人类的大脑一次性接收信息的量是有限的，而大脑又有自动将某些具有共同特点的事物进行归类和重组的能力。换句话说，分类明晰的事物会更容易记一些。

那么，该如何分类呢？一个通用的分类法则，就是 MECE 分类法。

MECE 分类法是麦肯锡思维训练中的一条基本方法，中文意思是"相互独立，完全穷尽"。简单来说，就是使用 MECE 分类法分类时，各个要素之间既不能有交叉，也不能有遗漏，也就是"不重不漏"。

1. MECE 分类法的五种分类方式

二分法

这个分类方式在日常生活中比较常见，就是把信息分成 A 和非 A 两个部分。

比如：国内 & 国外、他人 & 自己、已婚 & 未婚、成年人 & 未成年人、左边 & 右边、男人 & 女人、收入 & 支出，等等。

过程法

顾名思义，就是按照事情发展的时间、流程、程序等，对信息进行分类的分类方式。

比如：你在日常生活当中制定的日程表、解决问题的 6 个步骤、达成目标的 3 个阶段，等等。

有一个非常实用的过程法，就是"PDCA"。

所谓 PDCA，即计划（Plan）、实施（Do）、检查（Check）、处理（Act）的首字母组合。无论哪一项工作都离不开 PDCA 的循环，每一项工作都需要经过计划、实施、检查、处理这样四个阶段。

PDCA 循环是能使任何一项活动有效进行的一种合乎逻辑的工作程序。你不仅可以把它用到工作中，也可以用到读书中。比如，每月月初制订计划，然后按照计划执行，在月底复盘时，检查一下有什么问题、发现可优化的点，并在下月优化你的行动。如果循环下去，你就会成为读书达人。

要素法

要素法听起来好像有点深奥，但其实你在生活当中也经常使用。

比如：优秀员工的 7 种品质、时间管理的 7 个秘诀，等等。其实都是把一个整体分成不同的构成要素。

这种分类方式通常用于说明事物各个方面的特征。

有一本非常经典的书，是美国史蒂芬·柯维写的《高效能人士的七个习惯》，其写作就用到了要素法。

公式法

公式法也很常见，也就是说，你可以按照公式设计的要素去分类。

比如，销售额 = 客单价 × 销售数量。

这是商业领域最常用的一个公式，就是把销售额通过公式拆解成了客单价和销售数量。

矩阵法

这种分类方式也很常见。

比如，非常经典的"时间管理四象限"，就运用了矩阵法，如图 2-2 所示。按照事情的重要紧急程度，将事情分为四种：

（1）重要且紧急

（2）重要不紧急

（3）紧急不重要

（4）不重要不紧急

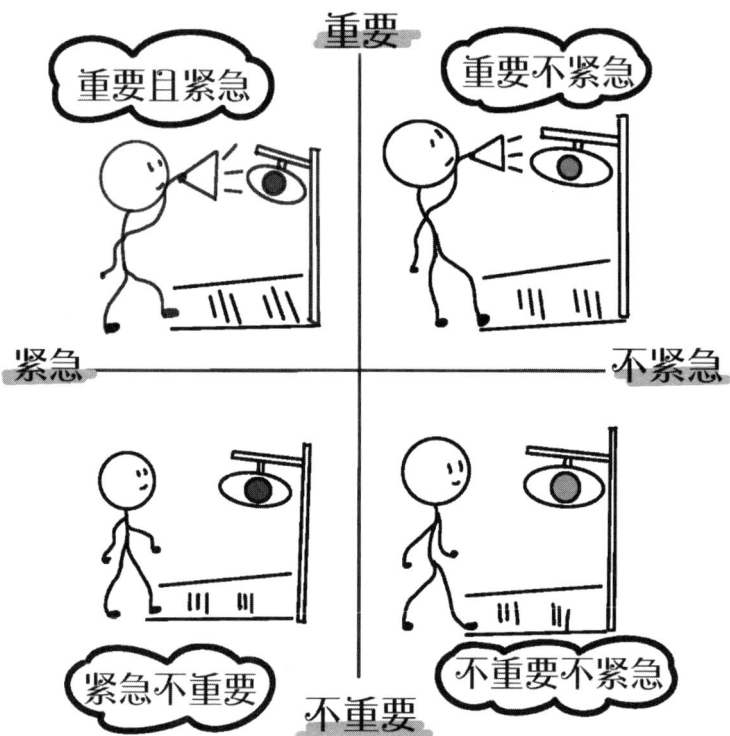

图 2-2　时间管理四象限

用矩阵来表示，就非常清晰、一目了然、易于理解。

2. 读书应用

高效思考

在你思考问题时，直接应用前人总结的智慧，可以提高思考效率。

比如，大家经常在换工作时会纠结，这时用 SWOT 分析模型来分析你的现状，就非常清晰、一目了然。

SWOT 是一种战略分析方法，SWOT 分别代表：Strengths（优势）、Weaknesses（劣势）、Opportunities（机会）、Threats（威胁）。通过对被分析对象的优势、劣势、机会和威胁等综合评估与分析得出结论。

你可以用 SWOT 来分析两份工作的优势、劣势、机会、威胁，而不是自己一直在那里纠结。

高质输出

在你对外输出时，不管是写作，还是演讲，运用书中的逻辑模型都会让你的输出更加高质量。尤其是工作汇报时，适当应用逻辑模型，也会让领导、同事对你刮目相看，帮你赢得更多机会。

比如，运用 4P 营销理论、PEST 模型、波特五力模型等经典理论进行分析，可以让你的输出更有说服力。

归类分组

在你思考和表达时，当你梳理了一堆理由、事实，列在了金字塔结构上之后，要在横向上对它们进行分类和排序时，就要用到"归类分组"。

例如，某次听课后，洪生同学写听课收获时，就对讲课内容进行了归类分组，分三点论述，逻辑清晰，让他在输出时脱颖而出。

听课的 3 点收获

1. 为什么读书：读书的七大好处，书中自有黄金屋，通过阅读去拓宽认知、提升自己。

2. 读什么书：选对的书，保护阅读习惯，看书评、牛人推荐等整理好个人书单。

3. 怎么读书：运用六大阅读方法，培养自己的阅读力，养成读书总结的好习惯，但光读书没用，一定要去践行，进行践行分享，只有持续地学习输入，才能保证不断地输出。

第4节
常见三大逻辑思维之归纳法&演绎法

常见的第三大逻辑思维，就是归纳法 & 演绎法。归纳法 & 演绎法是人们最熟悉的逻辑思维方法。

1. 什么是归纳法

归纳法，是一种从特殊到一般的思维方式。也就是说根据许多个别事物的特殊性，来概括出同类事物的特征。

举个例子——

喜鹊是鸟，喜鹊会飞。

乌鸦是鸟，乌鸦会飞。

所以结论是，凡是鸟都会飞。

注意：

虽然归纳法是我们日常生活当中比较常见的论证方式，但是，当你使用归纳法概括结论时，一定要确保你所罗列的要点是穷尽的。否则，得出的结论就有可能是不正确的。

比如，上面的例子中，你会发现，鸵鸟也是鸟，但不会飞。

所以，你并不能得出结论"凡是鸟都会飞"。

2. 什么是演绎法

演绎法，是由一般到特殊的思维方法。

演绎法的主要形式是三段论，即大前提、小前提和结论。大前提是一般事物，小前提是论证的个别事物，结论就是论点。

通常大前提是事物的共性，小前提是具体事物，结论是具体事物的性质。

现在，用最著名的"苏格拉底会死"三段论来举例——

大前提：所有人都会死。

小前提：苏格拉底是人。

结论：苏格拉底一定也会死。

注意：

如果大、小前提不正确，即使逻辑没有问题，也不能保证结论的正确。演绎法得出的结论正确与否，还有待实践的检验。

3. 归纳法&演绎法在读书中的应用

归纳法和演绎法大家都比较熟悉。但是，如何在读书时应用呢？其实，在实际生活中，大部分人都在用归纳法和演绎法，因为它是根据经验总结而来的，更符合人类的认知规律。

加速理解内容

有了归纳法&演绎法的思维方式，你能更快地理解作者的行文结构，更快抓住重点。

比如，有一本书叫《精益创业》，它在写作中就用了演绎法。书中讲述的方法，就是你先提出一个假设，如增长假设或价值假设，再用 MVP 去验证这个假设正确与否。

MVP 就是指开发团队通过提供最小化可行产品获取用户反馈，并在这个最小化可行产品的基础上持续快速迭代，直到产品到达一个相对稳定的阶段。MVP 对于创业团队来说是很重要的，可以快速验证团队的目标，快速试错。

归纳书中重点

在读书时，要养成及时归纳重点的好习惯。

比如，你每读完一节，都尝试用一句话或一个关键词，去归纳出这一节的重点，并标在目录相应的部分。

一边归纳，一边读书，也会让你的记忆更深刻。

巧取各种标题

归纳法还有一个用处，就是帮你取标题。在读完书，去写书评或进行读书分享时，通常都需要一个漂亮的标题，好吸引别人的关注。

标题的核心，就是对全书亮点的总结。你可以在浏览目录处你标注出的重点后，轻松取出书评或读书分享的标题。

〜第 5 节〜
如何用逻辑力助力阅读

很多人在读书时，抓不到重点，那是因为没抓住书的逻辑线。抓住逻辑线，会让你在读书时事半功倍。

其实，就像小说、电影都有明线、暗线一样，通常，每一本书中，也有两条线索：第一条是客观逻辑线，即作者的逻辑线，它是客观存在的，体现作者的行文思路，通常就是书的目录；第二条是主观逻辑线，即在你读书后，你认为的书中重点的逻辑线，它是主观存在的，每个人阅历、理解力等不同，主观逻辑线也会有所不同。

那么，如何梳理书中的逻辑线呢？

1. 第一遍：用目录梳理客观逻辑线

很多人在读书时，忽略了目录，其实，目录是非常重要的读书线索。

建议你在读书时，用目录梳理客观逻辑线。

方法如下。

第 1 步：总结重点

每读完一节后，用一句话或关键词，归纳总结出本节的重点。归纳总结的过程，也是回顾复习、加深理解和记忆的过程。

第2步：标注重点

然后，你在目录中本节对应的位置，用笔直接写上重点即可。这样，在全书读完之后，你只需要回看目录，就可以非常迅速地抓住重点了。

客观逻辑线就像是书的地图，能让你读书时不会迷失重点。

2. 第二遍：用便签梳理主观逻辑线

在读完一遍书后，你是不是特别有成就感，然后就直接把书收进书柜呢？这是错误的读书方式。正确的方式是，不要着急地把书收进书柜，而是应该继续"复习阅读"，巩固复习书中重点。

你可以在复习阅读，即第二遍读书时，用"便签"梳理主观逻辑线。

方法如下。

第1步：只读重点

在第二遍读书，即复习阅读时，并不是通读全书，你只读你在第一遍读书时标注的重点，即"折页＋画重点"的地方即可。

第2步：写关键词

此时，凡是特别打动你的地方，你可以贴上两张便签。
第一张便签，写下本部分的关键词。

第3步：留下标记

第二张便签，直接贴到书中作为标记，以提醒自己这里是重点内容的出处。

第 4 步：挑出三点

在你读完第二遍后，把写上关键词的第一张便签全都拿出来，统一贴到某处，比如，桌子上、白板上、墙上等。这时，可能有多张便签。然后，你再从中挑出最打动你的三张便签，并且保证这三张便签有一个内在逻辑，并重新放置排序。

第 5 步：理出逻辑

这时，你就能梳理出你的主观逻辑线了。逻辑清晰后，就为输出打下了坚实基础。不管你是与人讨论这本书、写书评，还是录视频、直播、做读书分享，都会非常轻松。

一位书友影格就感慨，解锁主观逻辑线后，输出不再难于上青天。有一段时间她们单位每周五例会都要求员工进行 15 分钟读书分享，因为不得章法，每次她都是照书念，直到把大家"哄"睡着。因为分享枯燥、无趣，她在上面讲，同事们在下面办公，她感觉每分每秒都在自愧中煎熬。于是她盼着分享活动赶快取消，甚至期待周五紧急加班或者生病请假。对她来说，读书本来就很难了，要进行具有个人思考和分析的分享更是难于上青天。那段时间，她非常苦恼，甚至担心影响年底绩效。

后来，她跟着我学习在阅读时梳理主观逻辑线，她照做了以后，在梳理的过程中形成了自己的理解，将书里的内容贯穿成线并自然融入自己对生活、工作的思考，不再只是单纯地抄书。例会再分享的时候，她竟能脱稿，且信手拈来，讲述得有理有据、生动有趣。她不仅没有了尴尬和自愧心虚，分享好书时也更有感染力。当同事说听她讲完一本书，也想买来读的时候，她内心的激动溢于言表——自己终于也成了有影响力的人。

而且，她还将"梳理主观逻辑线"的思路用在工作安排上，每次领导开过会，她都用梳理主观逻辑线的方法找到重要的内容，对照自己的工作分析完成情况和进度，然后向领导汇报。这种方式使她的工作由被动等待领导检查，转化成为主动展示工作价值、争取支持，这使得她的工作推进更顺畅了。领导对她给予了肯定，同事也对她刮目相看。

此外，输出书评也不再是绞尽脑汁也写不出一个字的难题了。在读了《一年顶十年》后，她将书中的个人成长方法论和自己的需求、能力不足的部分结合起来分析，梳理出个人成长的践行清单，用碎片化时间输出了属于自己的第一篇书评。

学会梳理主观逻辑线后，影格在讲书、写书评时都有了新的突破。她希望以后每看一本好书，都能写出书评，讲给别人听，从而影响别人，让自己也能成为别人口中那个厉害的人。

3. 巧用思维导图梳理逻辑

如果借助工具来梳理书中逻辑，会让书中逻辑更加清晰，化被动阅读为主动阅读，加深对书中重点和关键概念的理解，找到新旧知识之间的联系。

通常，为了掌握整本书的总体框架和逻辑，大家会选择思维导图来梳理逻辑线，对书中的信息进行重新整理和加工，锻炼和提升自己的逻辑思维，这有助于提升自己思考能力，更有利于内化和践行。

比如，樊登老师在讲书时，通常用手绘思维导图作为工具，用思维导图做读书笔记可以分为三个步骤：

（1）快速阅读，了解书的整体内容，确定思维导图的大框架；

（2）精细阅读，画出关键词和重要内容，对思维导图细节进行补充；

（3）复习阅读，对思维导图进行删减和整理。

此外，思维导图还是非常好的学习工具。在你开会或听课时，用思维导图记笔记，也让学习效率更高，能快速梳理知识点，方便后期快速检索和复习；而且，和同学分享一张逻辑清晰、美观的导图，也有助于"链接"到一起学习的小伙伴。

很多刚接触思维导图的人会对它有些许的畏惧感，觉得这是一项需要很好绘画基础才能学会的技能。其实，思维和逻辑才是思维导图的精髓所在，思维导图只是一种视觉化的呈现方式，帮助我们梳理和记忆。目前制作思维导图，通常有两种方式：

方式 1：手绘思维导图

手绘思维导图比较简单，只要拿出一张纸、一支笔，就可以轻松画出重点，如图 2-3 所示。如果你想让画面更美，可以选用多种颜色的笔，或画上简笔画等。

图 2-3　手绘思维导图

方式 2：电子思维导图

电子思维导图，通常是用软件去做的，如图 2-4 所示。目前，常见的思维导图软件有 Xmind、Mindmaster、百度脑图等。这些软件大多很简单方便、操作友好，即使小白也能轻松上手。

有人对自己有着较高的要求，不仅追求思维导图逻辑和内容的严谨缜密，还会对思维导图的视觉呈现有要求。有不少只需花费很少精力，就能提升思维导图的美观性的小技巧，你只要搜索一下，就可以在网上找到很多视频教程，帮你轻松上手。

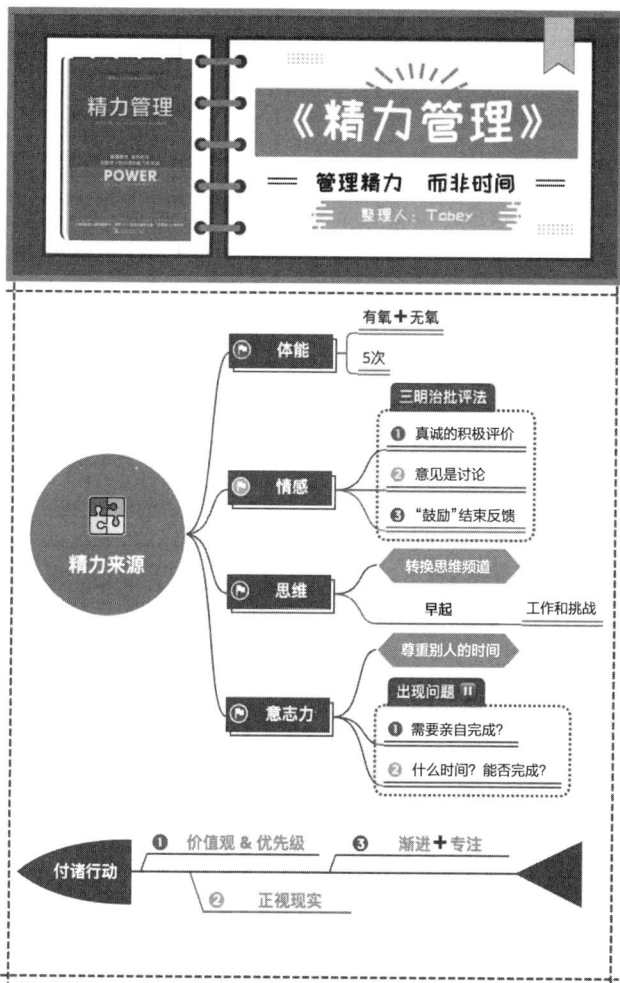

图 2-4　电子思维导图

　　总之，之前你可能忽略了逻辑力，但从现在起，请充分重视逻辑力。逻辑力可能有些抽象，但解锁之后，作用巨大。解锁逻辑力，能帮你轻松读书，更快抓住重点；能帮你深入思考，建立金字塔思维，找到问题的关键；能帮你清晰表达，在做读书分享、演讲、讨论、工作汇报时，更易说服听众、高效沟通；能帮你轻松写作，写出重点突出、条理鲜明的文案；能帮你高效解决问题，直击要点，突破瓶颈。

【读书达人故事】

努力向前，总有更好的未来在等你

作者：Tobey

大家好，我是 Tobey，认识格格是在 5 年前，格格一直是我朋友圈中的"尖子生"、自律的典型代表，学习、上课、跑步一样不落，而我总是远远地看着她的成长。机缘巧合，2019 年 10 月，我开始跟着格格读书学习，借此机会近距离接触格格，充分感受身边人榜样的力量。

跟格格学习后，我收获特别多，开始了自己的"爱阅读"之路，从年阅读量个位数，到每年读完 100 本书。与此同时开启了自己的"惜命"之旅，从经常凌晨 2 点入睡，到 12 点入睡，从跑步 400 米都特别喘，到完成了两个半马……

这一年里，格格的言传身教，让我飞速成长，并逐渐清晰自己想要的自己是什么模样，这一切离不开"逻辑力"的提升。之前的自己像一盘散沙，不知道什么对自己更重要，也不知道怎么把一切用起来，而逻辑力帮助我把自己从散沙状态塑造成自己想要的模样。

在这个海量信息即时获取的时代，我们很容易产生信息焦虑，而其实信息的价值是不一样的，只有那些能帮助我们进行决策分析或行动改变的信息，才是关键信息。我们努力学习的目标其实很多时候是比较明确的：解释、解决或预测困扰我们的烦恼或问题，借助逻辑力能让自己更好地决策、察觉风险。

从小学开始老师就强调"一题多解"，长大之后没有了老师的要求，我也渐渐忘记了为遇到的问题寻找更好的解决方法和技巧，失去了从更深的层次和更全面的角度去分析问题的意识。上完格格的逻辑力课程，我惊喜地发现逻辑力是如此有效，有助于分析现象、找到表象背后的实质，可达到"四两拨千斤"的作用。

1. 抓住重点，高效学习

在学习格格的课程之前，我长期处于"自娱自乐式"学习状态，想学什么靠着三分钟热情就去了，没有目的也没有体系，经常被学习中的细枝末节干扰，学到一部分就不了了之，或者兴趣点发生了改变。

格格在快速阅读的课里，提到了"二八法则"，在阅读和学习中，最重要的内容只占其全部内容很小的一部分，其余更多的是对这些结论的数据与案例支撑。找到并持续找到这些最重要的部分，培养自己抓重点的能力，实现高效学习，离不开逻辑力的提升。

为了达成自己学习的目的，使得自己能快速抓到重点，我开始尝试在每次学习之前，思考五个问题：

- 为什么要去读这本书 / 听这门课？
- 希望解决自己的什么问题？
- 通过这本书 / 这门课希望收获什么？
- 哪些内容可能会协助我解决问题？
- 看这本书和听这门课真的能解决这个问题吗？

李笑来老师在《财富自由之路》一书里，传递了一种价值观——"注意力＞时间＞金钱"。看一本书或听一门课，更重要的是满足自己的需求，解决自己的问题。读一本书、听一门课的成本并不高，但要想获得好的学习效果，必然需要投入自己宝贵的时间和精力。明确自己的需求，是开始高效学习的第一步。

在学习完之后，再把学到的知识用到生活、学习、工作中，不断进行优化，而非将时间和精力投在了低效率环节中。没有需求的学习，只是满足自己的好奇心而已，只是看起来在努力学习。

2. 模型思维，解决问题

查理·芒格说："学会了100个思维模型，就能解决人生80%的问题。"如果我们想要高效决策，那就需要多个模型通过不同的逻辑框架，来协助提高我们分析、行动、预测的能力。

在工作中，我之前汇报工作时总想把自己做过的所有事都进行报告，缺少自己的分析和结论，也没有相应的后续行动计划。在看了大石哲之的《靠谱：顶尖咨询师教你的工作基本功》之后，我找到了"云雨伞"模型，以事实／数据为依据，以分析为输出形式，最终落在行动上。我开始尝试打造摆事实、做分析、采取行动（建议）的闭环，使用一段时间后，身边同事有汇报需求时，都开始找我要PPT进行参考。

在生活中，之前我玩"现金流游戏"都是靠运气玩，没有逻辑可言，总是把自己困在"老鼠圈"里。在和格格学习之后，我开始思考什么样的思维逻辑才能让我赢得比赛呢？最终我找到了"用模型辅助决策，用量化管理风险"的方法，简单来说，该买的都买，不该买的不买，留足风险储备金。在以上逻辑的支撑下，遇到不太好的机会，我果断放弃，确保在有好机会来的时候，自己能有资金购买，在有意外发生的时候，我也不需要借款就能轻松应付，于是离开"老鼠圈"变得没那么难了。

逻辑力的提升不仅有助于我们高效表达、理性决策，还会让我们成为更优秀的自己，进行更广阔和更深厚的思考。

3. 思维导图笔记链接学霸

在之前的阅读中，我基本采用的是"阅读＋画线／摘抄"的方法进行阅读，书中的关键部分被我拆解成了若干孤立知识点，既没有将书中的信息与自己的旧有经验进行联系，还破坏了作者原有的逻辑框架。

格格在课程里分享了她做的一张思维导图，我被她清晰的逻辑和融会贯通的学习能力惊呆了。虽然自己之前也用思维导图，但主要停留在提取关键词进行归纳总结阶段，没有考虑过借助思维导图去思考、内化、寻找背后的逻辑和与过去相联系，并建立自己的知识逻辑框架，梳理专属的主观逻辑线。

大脑记忆靠的是信息与旧经验联系，我们记住新知识的最好方法是与已有知识进行联系。通过跟着格格学习，我开始逐渐建立和更新自己的逻辑结构，对应不同场景，采用不同的常用逻辑框架进行梳理和总结，通过思维导图进行逻辑梳理，实现知识的内化和吸收，建立新旧知识之间的联系。也逐渐理解了思维导图的核心是逻辑，一张有逻辑的思维导图，才是有价值的图。

实用类图书一般会使用金字塔原理来作为写书的脉络，全书的逻辑框架很清晰，在阅读这类书时，我会直接利用书的目录或书中结论，作为思维导图的大框架进行整理和总结；如果全书逻辑不太清晰，我会先通过快速阅读，了解全书的整体内容，找到自己的关注点，围绕关键词进行扩充和整理。针对自己感触比较深刻的书，我还会整理践行清单，让阅读有输出、有践行。

除了在阅读中应用思维导图，在线下培训、线上训练营等场合，我也会在听课后，快速输出一张逻辑清晰、重点突出的思维导图，这是一种非常容易链接到学霸同学的方法，跟着学霸同学，自己的学习效果一定不会太差，更重要的是大家一起结伴成长和进步。

关注知识和知识之间的逻辑和关联，关注知识为什么会让自己感到有启发、自己是否真正理解及怎么运用知识，比一味追求新知更有意义，真正能帮助到自己、和自己联系起来的知识更有价值。而借助逻辑力梳理是实现这一切的关键，开始对逻辑力的学习永远不晚。

【金　句】

人生中的一切美好，都是由重要不紧急的事情组成的。

【作　业】

梳理一本你所读的书的主观逻辑线，用思维导图（手画或用软件都行）画出主观逻辑线。

BOOK

第3章

表达力：
读出好口才，实现流利表达

　　普通人如果想实现跃迁，有一个红利你千万不要错过，就是"表达红利"。所谓"表达红利"，就是借助内容，用更低的成本接触到更多用户，从而让更多的人看到你、了解你。你要先被人看到，才有成事的机会。用好表达力，可以在人群中让更多人看到你。用好表达力，可以帮你在职场中脱颖而出，更容易拥有升职加薪的机会。用好表达力，也会帮你链接人脉和资源，使其成为你人生中巨大的助力。

　　我建议你在每读完一本书之后，都尝试去讲书，读出好口才，实现流利表达，拥抱这个时代的表达红利。

∽ 第1节 ∾
普通人讲书的六大好处

一说到讲书，好多人都会想到樊登老师。樊登老师的讲书生动有趣，他也因此获得了许多的粉丝。但是，我们是普通人，又不像樊登老师一样以讲书为职业。为什么也要去讲书呢？

总结一下，普通人讲书，有六大好处（如图3-1所示）：

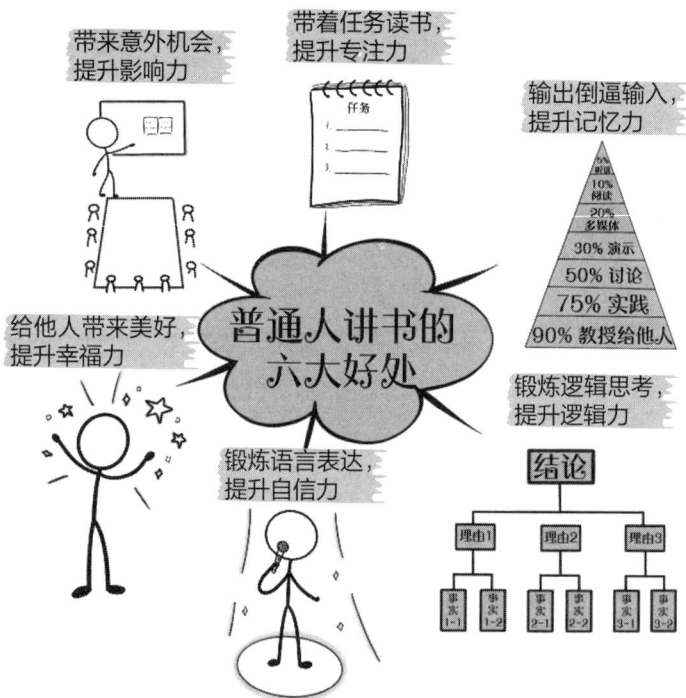

图 3-1　普通人讲书的六大好处

1. 带着任务读书，提升专注力

你平时读书时是不是特别容易走神？这完全正常。下次，你可以带着"讲书"任务去读书。这样，你的大脑会像雷达一样，一直处于搜索状态。你会不自觉地找重点、做笔记、反复读书。讲书，会让你读书时更专注，不知不觉地沉浸在心流的状态中，忘了时间忘了自己。

2. 输出倒逼输入，提升记忆力

你平时读书，是不是经常因为读完就忘而陷入自责？其实，这完全正常，你根本无须自责。根据著名的"学习金字塔"理论（见图 3-2），如果你只是听讲，知识留存率只有 5%。如果你只阅读，知识留存率只有 10%。只有教授给他人、在读书后去讲给别人听，知识留存率才最高，高达 90%。讲书，能帮你用输出倒逼输入，告别读完就忘的尴尬。

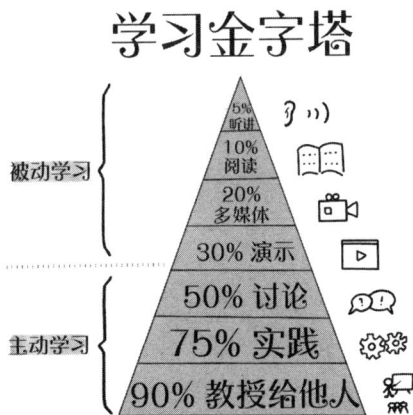

图 3-2 学习金字塔

有些人，平时只听书、不读书，用每天听书来假装努力，结果却发现听了很多书，好像生活也没有太大的变化，根本原因就在于听书的知识留存率太低了。真正的高手，都是用输出倒逼输入，在读书后去讲书的。

3. 锻炼逻辑思考，提升逻辑力

之前，已经提到过逻辑力的重要性，此处不再赘述。但是很多小伙伴可能觉得逻辑力还是太抽象了，不知道应该怎么做才能提升。其实，最简单有效的方法就是讲书，它能有效帮你锻炼逻辑思考能力。每次讲书，都需要你在读书后，找出书的脉络和价值，把主观逻辑线梳理出来。在一次次梳理主观逻辑线的刻意练习中，你的逻辑力自然就会提升。

4. 锻炼语言表达，提升自信力

讲书能锻炼你的语言表达，这一点毋庸置疑。在你讲书时，只要讲好书中的内容即可，不用担心无话可讲。同时，为了把书讲好，你通常会认真地准备讲书稿，这锻炼了你的文字表达能力。在你去讲书时，又锻炼了口头表达能力。

在一次次讲书中，书中的内容就内化到了你的大脑中。你会在与别人沟通交流时，不自觉地引用书中内容，脱口而出一些金句，让别人对你刮目相看。特别是在职场沟通中，你在不经意间，就能用你的才华征服老板、领导、同事们，为你的升职加薪赢得机会。

而你在一次次为讲书进行刻意练习与所收到的正反馈中，也会变得越来越自信。

5. 给他人带来美好，提升幸福力

给别人讲书是一种分享利他的行为。一方面，你是在传播书里的知识，另一方面，你也是在别人心里种下美好的种子。你不知道，因为你的分享，会给别人带来怎样的美好。

其实，不只是讲书，凡是分享，都有这样的效果。比如，我曾经在通过混沌大学的答辩后，在读书会上为大家进行答辩经验的分享。事后，好几位同学告诉我，他们都是受我的影响才决定也去参加答辩的，并且收获巨大，我听了就觉得特别开心。

6. 带来意外机会，提升影响力

其实，不只是讲书，凡是公开的线上或线下分享，都能够提升你的影响力。你不知道你会影响谁，也不知道你会链接到谁，从而带来一些意外的机会。

比如，我曾经参加过混沌大学的全国思维模型大赛。正是在参赛的过程中，我站到讲台上，让老师和同学们看到我、了解我，我才有机会被推荐到混沌大学总部，成为混沌大学的主播，从此开始了我的主播生涯。

总之，读书的好处多，讲书的好处更多，更能将你读完一本书的价值最大化。所以，不要犹豫，开始讲书吧！

第2节
讲书要具备的四大心态

讲书听起来虽然很美好，但好多人听到讲书的第一反应，就是讲书太难了，自己做不到。

其实，很多事之所以难，是因为你没有去尝试。对于讲书来讲，你需要具备四大心态。

1. 成长就是要突破舒适区

读书的小伙伴，通常都比较有上进心，学习成长欲望比较强烈。既然是成长，就一定不要总是停留在"舒适区"，而是要进入你的"学习区"。"学习区"的特点，就是会有一点点困难、一点点挑战，但当你迎接挑战、完成任务后，你的心里将全是战胜自己的成就感。不要有畏难情绪，大胆向前吧。

2. 用"将来进行时"来讲书

现实中，大多数人都会简单地给自己下结论——"这个我不可能做到"。他们把自己当前的能力作为判断基准。

稻盛和夫先生曾经说过，评价能力要用"将来进行时"。制定新目标时，要敢于将这个目标设定在自己的能力之上。现在被认为无法实现的高目标，在将来的某一时间点定能实现。现在虽然做不到，但到时无论如何也要做到，只有抱着这种态度才能达成高目标。

用"将来进行时"来讲书，你才能不断地突破自己，取得进步。

3. 你需要先完成、后完美

好多人之所以迟迟不敢讲书，是因为他们陷入了完美主义的误区。他们觉得，一出场讲书，就要惊艳全场。

其实，此刻你不妨理性地来想一下，如果你之前从没做过这件事，却要求一开始就达到完美，这是不是对自己太过苛刻了呢？正确的想法是先完成、后完美。只有你开始讲，你才会不断地趋向完美。

4. 不用等到完全读懂一本书才去讲

好多人在讲书时，有一个误区：他们觉得，一定要等到完全读懂一本书，才能去讲书。其实大可不必。你在读完一部分，甚至只读完一章后，就可以去讲书。只要你通过你的讲解，让别人对一本书或一个话题有兴趣，就完成讲书任务了。重要的是传递知识的种子，只要让别人有所收获，就是合格的讲书人。

书友张世君就通过讲书，实现了人生突破，获得了空前的自信。当时，我在微信群里，征集线下读书会活动的读书分享人。分享人不仅需要自己提前读完书，还要做出 PPT，在活动时给大家进行分享，确实有些挑战。他看到消息的第一反应，也是内心特别犹豫，一方面特别想去抓住机会、锻炼一下；另一方面又觉得之前没讲过书，担心如果讲不好会很丢人。最终，在分享日上午，他决定逼自己一把，挑战一下，不再逃避，勇敢报名。

这时候，距离分享开始，还有 7 小时，而他连书都没看过。但当他决定去的那一刻起，一切都不一样了。他脑中一片空明，之前的混沌仿佛消失了，下一步该做什么清晰地浮现出来。他先用快速阅读法，在 2 小时内，完成了看书、记重点、梳理思路的工作。然后，又用 1 小时写完了 PPT。然后，对照 PPT 迅速地演练了两遍。

分享会上，他用精彩的分享，赢得了大家阵阵的掌声。好几个小伙伴知道原委后，都在惊呼，半天时间就搞定读书分享的准备，这太不可思议了！他回到家，写下了这样一段话："多年以后，功成名就，回首过往，你印象最深刻的，可能就是一个选择，那个在你最习以为常的一瞬间，做的特别特别微小的，但是不同的选择，然后你就开启了成功之门。"他事后分享说，其实他内心真正的需要是被认可，所以之前一直害怕失败，不敢上台。但是，他很庆幸，他勇敢地做出了改变。改变的感觉很美妙，他说他一辈子都忘不了。

其实，很多时候，你不是不想去讲书，而是恐惧失败。正视你的心魔，拥有良好的心态，你也可以开启讲书之旅。

第 3 节
讲书的三大能力

如果你已经下定决心，要开始挑战讲书了，那么恭喜你。在讲书前，先来了解一下讲书需要具备的三大能力，即讲稿组织能力、制作 PPT 的能力、语言表现能力，如图 3-3 所示。

图 3-3　讲书的三大能力

1. 快速获得讲书的三大能力

讲稿组织能力

要想讲书，你需要有一个讲稿。这就有点类似在拍电影前，你需要一个剧本一样，此时，你就是自己"讲书这台戏"的编剧。

讲稿是讲书效果的核心，因此，讲稿组织能力也是大家要重点解锁的能力。这会在后面单独讲解。

制作 PPT 的能力

通常在线上或线下讲书时，你需要一份制作精良的 PPT。你的 PPT，关系到你"讲书这台戏"的呈现效果，此时，你就是自己"讲书这台戏"的导演。

要想做出制作精良的 PPT，你不需要去专门学习 PPT 技能。只需要一个"神器"，就可以帮你轻松搞定，那就是：PPT 模板。

现在，不仅很多网站会提供 PPT 模板，很多小伙伴的电脑里也常备各种模板，也只需要问一下就好。

语言表现能力

注意一下，我提到的是"语言表现能力"，而不是语言表达能力。语言表达能力，更多地关注语言流利度方面。但是，语言表现能力，是更全面的能力。它包括你在线下分享时，面对听众所使用的语音语调、肢体动作、面部表情，以及你表现出来的形象气质等。它是一个人更全面、更综合的能力体现。

由于语言表现能力对讲书至关重要，所以下面专门用一小节讲解如何提高语言表现能力。

2. 如何提高自己的语言表现能力

对于"讲书这台戏"，你还要履行好演员的责任。要想拥有良好的语言表现能力，并不是一日之功，可通过四种方法去练习提高。

跟随高手，模仿高手

最简单的方法，就是去看高手的视频，去看别人是怎么讲书的。继而模仿他的语音语调、肢体动作、面部表情等。

比如，你可以去搜索樊登老师的讲书视频，向顶极高手学习。在模仿中，你会渐渐找到你的风格，并不断进步。

线上分享，积累经验

千万不要一开始就挑战线下分享，对于小白来讲，这真的有点难。你可以先从最简单的方法开始练习，即线上分享。

线上分享很简单，你可以先写出你的讲书稿，然后，在某个微信群进行分享。注意，这里的分享，就是照着稿子念。而且，即使你念错了，也没关系，完全可以把信息撤回，不用担心丢人。

通过线上分享，你可以慢慢积累讲书的经验，克服最初对讲书这件事的紧张和恐惧，找到你的自信和讲书状态。

录制视频，刻意练习

在通过线上分享积累了一些经验后，你可以继续进阶，通过用手机录制视频的方式，来刻意练习。

在录制视频后，你可以自己挑毛病，也可以让周围小伙伴们提意见。这些反馈会帮助你进步得更快。这是很多高手在提升表达力时曾用到的方法。

线下分享，千锤百炼

在录制视频的刻意练习后，你会变得更有底气。这时，你就可以挑战线下分享了。线下分享确实是有难度的。面对着一排排观众，你可能会紧张、会哆嗦，甚至可能会忘词。这些都很正常。

为了让你在线下分享时表现更好，一方面，你需要做好 PPT，这是为了帮你提词；另一方面，你需要在正式出场前反复演练，才能在现场分享时更有底气。

这样拆解下来，你会发现，讲书真不是一件容易的事。它需要你一人身兼三职。拥有讲书的三种能力，这绝不是一日之功，只有通过刻意练习，才能慢慢成为讲书达人。

在《演讲达人成长记》这本书中，有一句话让人印象深刻："一个会演讲的人和一个不会演讲的人差距是 50 次演讲。一个演讲大师和一个会演讲的人差距是 5000 次演讲。"

受此激励，我曾经演讲 100 次，才慢慢成为很多人眼中的演讲达人，并成为混沌大学的主播，为同学们讲书。

这个世界上，根本没有奇迹，想成为高手，只有刻意练习。

以下分享我从说话哆嗦到成为混沌大学主播的经历和我的 100 次演讲之路，希望给你一些启发和力量。

很多人叫我"格格老师"，因为我是一名自由职业者，平时主要的工作就是讲课。同时，我也是混沌大学的主播。你可能很难想象，几年前，我也是一个一当众讲话就浑身紧张到发抖的人。

2017 年的夏天，我有幸登上吴晓波书友会的舞台，进行我人生中第一次正式的演讲。虽然演讲的时间只有 10 分钟，我也提前演练了很多次，但是，当我对着照相机、摄影机和 100 名到场的观众时，我忽然大脑发蒙，紧张得喘不过气，根本连一句完整流利的话都说不出来。那是我的演讲处女秀。我以全场最差的表现惨淡收场，我恨不得找个地缝钻进去。

不过，即使当时我的演讲水平让我丢人丢到了太平洋，我依然"死不悔改"。因为在生活中，我是一个每天只需要进行人机对话的英语编辑，根本不需要演讲。

可能是我的演讲水平实在太差，连老天爷都看不下去了。于是，他派一个人来到我身边，拯救我的演讲。这个人，就是布棉老师，三节课的创始人之一。

2017 年年底，我有幸参加了三节课 "3.3 计划校友会"。

那天，我一共听了 21 个牛人的分享。其中，布棉老师的分享，让我印象最深刻。他分享的主题是 "如何提升个人的组织影响力"。布棉老师认为，你需要不断地总结归纳、打磨课程，进行对外输出分享，以打造在公司的影响力。另外，他还提供了具体落地的方法，并帮我们制定了 2018 年的分享小目标：

- 5 场部门内分享
- 2 场跨部门分享
- 每月 1 次线上分享
- 在三节课上线一个公开课

目标看起来非常宏大，甚至让人觉得那么遥不可期。我也不知道能不能实现。不过，布棉老师的话，点燃了我内心的渴望。为此，我特意用一张 100 次圆梦计划的表格，记录自己在演讲方面的每一次刻意练习。

最终，在 2018 年，经过努力践行，我用一年时间，完成了28 次分享。（可惜没有在三节课上线公开课，据说这个项目取消了。）其中，线上分享 14 次，线下分享 12 次，并且，还在简书大学堂上线 2 门课，实现了个人在演讲方面的突破。

我终于用 28 次刻意练习，告别了那个恐惧演讲的自己。

2019 年，我继续在演讲方面精进自己。

我抓住机会进行一次次刻意练习，不管是线上分享，还是线下演讲，我都认真准备，全力以赴。慢慢地，演讲力似乎成为了我的竞争力之一。

尤其是在混沌大学的学习中，我的演讲力一次次为我加分。参加混沌大学北京分社预答辩时，我的演讲力技压全场，当场得到了社长的表扬。我参加混沌大学全国思维模型大赛预选赛时，又有幸成为北京赛区第一名。比赛时，两位评委老师又隆重地表扬了我。

后来，经人推荐，我又成为混沌大学的主播，一次次面对全国的混沌大学同学进行直播。

如今，距离当初听布棉老师分享已经过去将近 3 年。我早已经用 100 多次演讲的刻意练习，填满了 100 次圆梦计划的表格。这份表格，记录了我为演讲做出的一次次努力。

我想大声告诉身边的每一个小伙伴，不管你当初的起点是多么低，只要你去努力、你去死磕，你一定可以取得一个让人骄傲的成绩。

通过 100 多次演讲，从说话哆嗦到成为混沌大学主播，现在，我还在刻意练习演讲的路上，每天坚持录一个视频。感谢一直在努力的自己。我相信，这个世界上，根本没有奇迹，想成为高手，只有刻意练习。

～ 第 4 节 ～
新手容易犯的三个错误

想做一名优秀的讲书人，确实不是一日之功。但对于小白选手来讲，只要成功避开新手讲书容易犯的三个错误，就可以轻松上手，成为一名合格的讲书新人。

1. 讲书偏离主题

讲书时不要跑题，似乎是个常识，地球人都知道。但是，实际讲书时，有些小伙伴会不自觉地偏离主题。

比如，明明是一本讲见识的书，经他一讲，听众会觉得变成了一本讲演讲技巧的书。你问他为什么会跑题，他说，这本书他读了半天，只对演讲这一块有点感觉。此时，就要注意了，虽然讲书是去分享触动你的点，但也不能太主观，不能偏离了书中主题。一本写见识的书，给别人传递的就应该是关于见识的各种观点。一本写演讲的书，才会给别人传递演讲的种种技巧。

2. 摘抄原书，照本宣科

新手讲书时，最容易犯这个毛病。你可能觉得这本书这也好，那也好，恨不得通篇给别人读一遍。但所谓讲书，是讲出你对这本书的理解，不是念原稿，是用你自己的话讲出来。通俗来讲，这叫用中文翻译中文。如果你去念原稿，那应该叫念书，而不是叫讲书。

有人可能会问，如果书中的某一句话或某一段话，我特别喜欢，也不能照搬吗？答案是可以的，但你也要声明，你这是对原文的引用，而且，引用原文的比例，最好不要超过全部讲书内容的 10%。

总之，讲书是你的再创作，讲书时不要一味摘抄原书。

3. 不懂取舍，一味求全

新手讲书时，通常还有一个误区，就是不懂取舍，一味求全，恨不得通过你的讲书，让别人知道书中所有的内容。客观想一下，这是根本不可能做到的事。作为讲书人，你的任务，就是通过 10～40 分钟的讲书时间，让对方了解书中最精彩的内容。此时，你需要放弃求全的心理。书中不太精彩的内容，你要果断把它删除。你只需要留下最有价值的部分、挑出最打动你的东西来讲即可。

～第 5 节～
如何创作一篇好的讲书稿

当你明白了作为讲书新手讲书的三大误区之后，你就可以组织你的讲书稿了。创作讲书稿对新手来说似乎有点难，但只要掌握正确方法，你可以轻松组织好讲书稿。

1. 构建坡道

"坡道"是演讲中常用的词。这是指演讲中最开始的几句话，它应该吸引听众的注意力，引导着听众去听你的分享。

迁移到讲书中，你可以从书中最打动你的一个点入手，把最有价值的内容放在前面。这样，才能让听众从一开始就重视这本书，让别人愿意听你讲书。

那么，具体到讲书时，从哪里去找"坡道"呢？

直接从书里来

直接从书中挑取最吸引你的部分，放在开头即可。它可以是书中的一个动人故事，可以是书中的一个权威数据，也可以是书中的一个有趣观点，等等。这也是最容易的开头方式。

比如，秋叶的《个人品牌 7 堂课》中，可以看到秋叶在塑造个人品牌方面的成绩。他不仅自己创业，在塑造个人品牌方面成绩显著，还给很多新人赋能，孵化出一批颇具潜质的优秀新人，现在很多当初的新人都成了大家比较熟悉的头部 IP。

这样的成绩放在讲书最开头，自然就能吸引人去听你讲这本书。

从生活场景中来

你讲书时，如果从大家熟悉的生活场景切入，比较容易有代入感。

比如，我在讲秋叶的《时间管理 7 堂课》这本书时，正值新冠肺炎疫情期间。我就以新冠肺炎疫情期间如何宅家高效办公这个场景作为开头，好多小伙伴正有痛点、想知道怎么解决，一下子就被吸引了。

自己制造亮点

你在讲书时，还可以自己去提炼书中最打动你的亮点。

比如，我在讲剽悍一只猫的书《一年顶十年》时，发现作者不仅本人从普通英语老师一路奋斗成为"大咖"，经历非常励志，还亲手打造了许多年入百万元的成功案例。

于是，我就以普通人如何年入百万元为开头，去吸引听众。

2. 背景信息

背景信息通常包括作者简介和图书简介。这两个信息非常容易找，你只要上网搜索一下，就可以轻松查到。但是，注意一下，你在使用时，不要直接复制粘贴，语言需要经过你自己的组织加工，才是讲书。如果有兴趣，你还可以自行搜索一下作者的背景信息，这会让你在讲书时更加出彩，因为你会讲出很多别人不知道的有趣信息。

3. 正文论证

正文论证，是讲书中的重点和核心。通常，有三点注意事项：

用金字塔结构去输出

之前讲逻辑力时，你可能觉得有点抽象。现在，就是体现逻辑力价值的时候了。在讲书时，你需要用金字塔结构的表达逻辑思维。

由于上一章已经详细论述，此处不再赘述。

挑三点详细论述

人们在阐述重要的事情时，往往喜欢分三点。不知道你有没有发现，领导讲话都喜欢说三点。因为"三"是一个特别神奇的数字，它可以帮我们用最简单的结构把问题表述清楚，因为一太少，二不够，三正好。讲得太多的话，听众也记不住，抓不住重点。

在讲书时，你要挑出最打动你的三点进行论述，放弃求全的心理。

【注意】

新手讲书时，可能觉得挑三点比较难，这时可以翻到上一章，回顾一下"如何梳理书中的逻辑线"，帮你轻松搞定。

每一点都要充分论证

在金字塔结构中，不是只有结论和理由，在每个理由后，你还需要事实（故事）、数据去帮你论证。

数据可能需要你去搜索资料获得。讲故事就比较简单了，你可以讲自己的故事、朋友的故事，还可以上网去搜索别人的故事。在讲书时，听众都比较喜欢听故事，因此，你也需要有意识地在每部分的论述中，都加入一个小故事。这样，你的讲书才不会那么枯燥。

有了故事和数据，会让你的论证更充分，讲书更吸引人。

4. 结尾总结

有人不知道讲书要如何收尾，其实对于新手来讲，最简单的方法就是总结全文，帮听众回顾重点，以加强听书的获得感。你还可以首尾呼应，让人形成听书的连贯感。你也可以再引申一下，进行价值升华，强调这本书的意义所在。如果是偏实用类的书，还可以在最后讲得有感召力，让人采取行动。

～ 第6节 ～
如何写出精彩的书评

一说到书评，大家都会觉得特别难，仿佛是高阶选手才能写出来的。其实，并没有你想得那么难。在你知道如何组织讲书稿后，就可以动手把它写出来了。这时，它不仅是你的讲书稿，也是一篇完整的书评。

先明确一下书评的定义。书评和读后感不同，书评要客观提炼书中的亮点，进行解读，让读书评的人从你的书评中就能受益。而读后感一般偏重于自己的感触，是自我感情和观点的抒发。

写出书评后，建议你发到各个平台上，用文字打造你的影响力，也许会有意外的惊喜。书友 Amy 就曾经在豆瓣发布过许多篇书评，后来，有编辑老师发现她的写作才华，经常跟她约稿，她也因此挣到稿费，开启了读书变现之路。

常见的书评发布平台包括：豆瓣、知乎、微博、今日头条、百家号、公众号等。这些平台操作都非常简单，你在注册之后，把文章复制粘贴上即可。

下面我重点介绍一下书评发布最重要的平台——豆瓣。通常用电脑登录操作会比较方便。当然，也可以用手机下载 App。

登录豆瓣 先登录豆瓣网站，搜索书名，找到本书，点开本书的图书页面。

写出长评 点开图书页面，点"我要写书评"，把你的文字复制过去，这就是"长书评"。

写出短评 点开图书页面，点"读过"，网站会让你给书评分，并写下评论。这时，你可以写一句话或几句话的短评，这就是"短书评"。

发出笔记 点开图书页面，点"我来写笔记"，还可以分享你的读书笔记。

当关注你的人数多了以后，你可能会收到各种约稿，像书友Amy一样，之后你就可以开启你的读书写作变现之路了。

有一位书友刘全宝就是通过写书评变得越来越自信的。写作能力还给了他一个升职加薪的契机。之前，领导让他写发言稿，他经常大脑一片空白，不知如何下笔才能让领导满意。他写出的文稿不仅被屡屡驳回，有时还会让他挨一顿教训，那段时间他深陷被驳回和教训的泥沼中，对写作越来越没信心，甚至心生畏惧。那时他就在想，到底有没有一些方法能够系统提升写作能力，让他从这种痛苦中解脱出来呢？

后来，他偶然跟我学到了读书的诸多方法，才真正让写作水平有了很大提升。现在，他的写作能力已经得到领导们的一致肯定。唐代现实主义诗人杜甫有云：读书破万卷，下笔如有神。只有博览群书，把书读透，这样自己写作时才会得心应手，这里的博览群书指的就是输入。他在学会了"毁书不倦""笔记不断"等读书方法后，在3个月中，读书笔记写了满满一本，时而翻阅一下，常读常新。随着输入增加，他又开始尝试写一些讲书稿，并主动在豆瓣、今日头条、简书等平台上发布。每一次输出都是对自己阶段性读书学习的总结，也是对自己输出内容的不断修正、精益求精的过程。

最终，通过写书评，他的写作能力稳步提升，自信也慢慢地恢复起来，还得到了领导的常识。这就是写书评的神奇之处。他放下包袱，轻装上阵，开启了全新征程。

新手写书评注意事项

新手写书评时，有以下注意事项。你写完之后，可以对照这个清单，进行自我检查，修改你的书评。没有问题，再发布到各大平台。

书名＋作者　全文要出现至少 3 次以上。如果你把作者和书名都写丢了，那你只是在写文章，而不是写书评。

不要照抄原文　就和讲书不要照着书念的道理一样，照抄全文，叫读书笔记，不叫书评。

不要求全　放弃求全的心理，把一条主观逻辑线上的三个点说透就行。

逻辑清晰　设置小标题，好方便读者轻松阅读。

三点论述　论述时，你不能写得太干了，一定要讲故事。人类的天性就是爱听故事。你可以讲你自己的故事、你朋友的故事，实在想不到的话，就用关键词去搜索一下找合适的故事。

金句　好文章通常都有金句。金句可以原创。如果你觉得原创太难了，那就搜索一下，引用别人的金句，这会为文章增色不少。

美图　书评中，通常要有三张图片，要注意风格一致，并且，至少包括一张图书封面图，封面图豆瓣网上就有。

标题　吸引人的标题可以提高你文章的打开率。

不要自说自话　新手通常容易自说自话，写成日记体。注意，要对别人有用，才叫好书评。

～ 第7节 ～
新手讲书小贴士

用讲书来训练表达力，不是一日之功，所以，我特意给新手一些小贴士，愿你早日成为讲书达人。

1. 讲书要有节奏

如果你希望通过讲书提高表达力，那最好做个讲书计划，有节奏更容易坚持下去，而不会三分钟热度。比如，你可以一月讲一本书。这样安排的好处是，你不会把自己逼得特别累，只要从本月读的几本书中，挑出你最喜欢的一本书去讲，就可以轻松完成小目标了。

在你慢慢对讲书有感受后，可以再更改计划，比如，两周讲一本书。长期坚持，效果会让你惊喜不已。

2. 巧用思维导图

之前已经讲过思维导图可以帮你梳理书的主观逻辑线。在最开始讲书时，你可以从线上分享，照着讲书稿念的方式开始。慢慢地，你就可以过渡到对着思维导图讲书，这样更有挑战，也更能锻炼你的表达力。

3.刻意设计金句

一个演讲通常最后让人记住的都是金句。所以，你可以有意识地在你的讲书中，去设计、加入一些金句，甚至重复一些重要的金句。为你的讲书刻意创造记忆点，也让听众觉得有收获。

4.修炼幽默感

高手在演讲时，都有幽默感，让听众在轻松愉悦中接受演讲的内容。讲书同样如此。幽默感也是可以后天培养的，你需要慢慢修炼。比如：你可以多听、多记搞笑的段子，多看综艺节目、相声、笑话，慢慢成为一个幽默的讲书人。

5.打磨讲书稿

至此，我们也可以得出本节最重要的一个结论了。

什么样的讲书稿才是一篇优秀的讲书稿呢？**优秀的讲书稿 = 干货 + 故事 + 金句 + 幽默**。你需要反复打磨修改，才能在讲书时，有精彩的呈现。

写好讲书稿不是一日之功，表达力的修炼更不是一日之功。但是，你不能厉害了才开始，而是开始了才厉害。

欢迎来到讲书人的世界。从现在开始，做一个讲书人吧！用讲书为你打开生活的无限可能。

【读书达人故事】

读书改变命运

作者：张荣霞

大家好，我是张荣霞，一名创业公司的财务人员，在职场打拼多年。虽然在职场混了 15 年，从小白一路"打怪升级"成了公司高层，但是我的演讲能力曾一直是我的痛点，试了各种方法也花了不少钱，想尽办法去改变、去提升，常常是越努力越心酸，直到有一天我加入格格读书会，才发生了质的飞跃，那两年也是我成长最快、交友最多的黄金时期。

1. 曾经的我，内心有着难以克服的恐惧

平时谈笑风生的我，一站在台上就像被咒语定住了——后背直发凉，张口说不出话，像是被人掐着脖子一样。

对于演讲的恐惧如梦魇一般，从小到大一直让我难以逃离。上学时，我的学习成绩一直不错，在老师和同学的眼中，是各方面都很优秀的好孩子。可是，这一切被一个意外打破了。那天，老师让我在班会上分享自己的学习心得，我走上了台，却发现自己出不了声，感觉整个人要虚脱了，就这样在台上呆呆地站了十分钟，等老师和同学们逐渐露出不耐烦的表情，我才接到命令灰溜溜地下来了。这是我人生第一次直面演讲，输得一败涂地。

从此，当众讲话成了藏在我内心深处的恐惧，我要努力把它掩埋。可是时光流转，我却逃不出那个怪圈，临近大学毕业，我们系老师和同学邀请我以优秀毕业生的身份给大家讲学习经验，当时我就拒绝了，因为我知道自己的老毛病。但老师和同学偏偏不信，只觉得是我太谦虚。结果在大礼堂，当着几乎是全系师生

的面，我被请上了台。看着下面黑压压的人头，我又是一言不发，呆呆地站着……现在回想起来我都恨不得找个地缝钻进去。

带着对演讲的恐惧和遗憾，我来到北京。刚开始甚至不敢接电话，铃声一响就心跳加速，我的北漂生活就在忐忑中展开了。可幸运的是，我每一次都能遇到贵人，工作慢慢走上正轨。让我始料不及的是，演讲上的短板又给了我致命一击。

2018年的一天，我需要向投资人介绍公司的业务和基本情况。知道自己会紧张，所以我提前做了充分的准备：PPT做得十分精美，演讲也反复演练。可是当我站在台上的那一刻，内心的自卑和恐惧再次来袭，我心想：完了，又紧张了……虽然完成了任务，但基本上是看着PPT磕磕巴巴地念完了，看着投资人僵硬的笑容，我知道自己又一次搞砸了。回家后，我独自哭了好久。

2.下定决心死磕演讲，直面内心的恐惧

为了扭转局面，我花了好几万元报了演讲班，终于走上了改变演讲能力的学习道路，两周去一次学校，每次三天集训，上台演讲24次。从开始不敢上台，一上台就后背发凉甚至头晕，下台后情绪失控，到后来能够踊跃上台，我一步步逼自己向前走。也就是在那个时候我误打误撞加入了格格主办的读书会。

第一次去混北读书会大家共读的是采铜的《精进》，我现在都记得当时心里的震撼。无论是演讲能力还是个人的气质，同学们都太优秀了。我坐在下面听得全身在发抖，手心在冒汗。

活动结束我就赶紧灰溜溜地跑了，路上一直在回忆同学们的分享内容，心里羡慕得很：什么时候我也可以像他们一样跟大家分享一本书呢？机会很快就来了，在第二周读书会活动临近时，有一位分享人要出差，需要人顶上。我一激动就补位了。那次每人只需要分享一章内容，在同学们的帮助下，我用一天的时间看完了一章，然后做了 PPT，就这样开始了我的读书会分享之路。

一开始站在台上我依旧紧张得喘不过气来。后来虽然也紧张，但是没有那么恐惧了，以前只会看着 PPT 念的我，现在可以自如地表达想法了，如今我已连续分享十几次了，读书会的同学们都戏称我是钉子户，来了就一定要分享。

有一次格格老师在听完我的演讲后，特别认真地告诉我，建议你多读书，增加非专业知识，演讲除了技能，还需要更丰富的内容，这句话让我茅塞顿开。

在此之前除专业书籍外，我的阅读量几乎为零。在我浅薄的认知里，专业书籍可以让我涨工资，提高我的专业能力，但是其他书读完并不能给我带来什么可利用价值，也没有变现的价值，读非专业书等于浪费时间。现在想想，当时的想法幼稚得可笑。而上台分享也倒逼我读书，一次次的经典阅读，真正地提高了我的认知，我看事情逐渐能够透过表面，去思考背后的本质。

就这样，我的阅读生活开始了，我神奇地发现了自己的改变：

首先，我的阅读量猛增。为了在上台分享前把书看完，我每天埋头苦干，上班路上看，下班路上看，回家不做饭看，晚上不洗澡看，除了上班，其他时间都在看书，老公诧异地看着我，甚至怀疑我是不是加入了什么团伙了。

其次，读书效率提高了。我从一开始两个星期读一本书到后来一个星期读一本，又缩短到三天读一本，一天读一本。这对过去的我来说，简直不可思异。

随之而来的是，我的阅读数量提高了。在读书会一年的时间里，我共读了 60 多本书，还为每本书写了书评。曾经我一年都看不完一本厚厚的书，没想到就在短短的一年内，我居然看了这么多。这个数字对我来说，简直难以置信。

3. 你想象不到表达力能给你带来的改变

因为想学演讲而参加读书会，我的收获却是之前想象不到的。曾经的我恐惧演讲，现在我居然每次坚持过来做分享，只要有上台的机会必然勇敢上。我告诉自己：站在台上讲什么不重要，重要的是站在台上。哪怕讲不好，我的勇敢也给了大家很多力量。

现在我会随身携带书，有空就看，一天不看会没有安全感，怕跟不上读书会同学们的节奏。大量的阅读让我出口就能引经据典，得到了老板的称赞。

读书让我变得越来越自信，说话都中气十足了，我开设了个人的公众号，开始通过抖音直播，坚持写月复盘，记录自己的成长轨迹，我相信总有一天，我会变成自己心目中牛人的样子。

老板和同事看到了我的努力和改变，2019 年我被公司评为特别贡献奖。这是对我工作的肯定，更让我相信，人越努力，就越幸运，而且更要学会表达自己。

【金 句】

你不能厉害了才开始，而是开始了才厉害。

【作 业】

请找一本你特别喜欢的书，进行讲书分享。时长少则 8 分钟，多则 40 分钟。你可以在讲书后，在微博上分享你的讲书心得和收获。

第4章

影响力：
通过组织与传播，打造个人品牌

在你读完一本书后，你是发个朋友圈，然后把书收进书柜，还是进行对外输出分享，读出你的影响力呢？樊登老师靠讲书和创立樊登读书App，演绎了一个讲书人的传奇，把读书化成了生产力，实现了名利双收。通过读书去打造影响力和个人品牌，是很多普通人也可以选择的努力方向。

～ 第1节 ～
为什么要读出影响力

除了樊登老师，罗振宇也是借助读书扩大影响力的成功案例。2012 年，罗振宇创建"罗辑思维"的时候，他的梦想是为读书人打造一个小书童。他说自己不是老师，而是伴读小书童，任务就是帮那些没时间的人去挑书、去读书，然后转述给用户。"罗振宇抓住了优酷视频的机会，推出爆款视频。然后，推出公众号，开始做电商平台。现在，又有了大家熟悉的得到 App。

确实，只有少数人能成为樊登、罗振宇这样的读书网红、创业牛人。但是，再小的个体，也能有自己的品牌，你可以打造自己的个人品牌。

现在是一个个人品牌崛起的时代。有些人可能觉得，我不需要成为樊登、罗振宇，我就过好自己岁月静好的小日子就行了。但是，现在社会竞争激烈，拥有影响力的人，更容易脱颖而出，拥有更多机会和可能。

随着移动互联网的普及，普通人比之前有了更多的方式来展现自己。即使你不成为网红，努力去经营自己的个人小品牌，也会有意外的惊喜和收获。

秋叶大叔说："首先，每一个不普通的人，都是从普通人起步的，今天的打工人，说不定就是明天的 IP 人，只有你先想改变，命运才能有机会与众不同。

"其次，即便是普通人，也应该思考如何打造自己的个人品牌。狭义的个人品牌是指让自己知名度很高，但广义的个人品牌，是指在你身边圈子里，大家一提起你，就联想到你擅长做什么，或者拥有怎样的影响力。"

在小范围内成为一个有影响力的人，就更有可能升职加薪，更有可能遇到更棒的工作，更有可能过上更有趣的生活，你会更快脱颖而出。这是不是也是一件很美好的事呢？

～ 第 2 节 ～
如何用读书打造组织影响力

所谓影响力，是用一种他人所乐于接受的方式，改变他人的思想和行动的能力。影响力，又分为组织影响力和个人影响力。

什么是组织影响力？是指你在某个组织内的影响力，此处特指你在公司内的影响力。

有些人可能会问，在公司里不就是努力工作、争取早日升职加薪吗？还要费神搞什么影响力？之前，我也这么认为。

但是，在 2017 年年底，我在参加一次线下活动时，嘉宾布棉老师的分享改变了我的看法。

当时，布棉老师就"如何提升个人的组织影响力"进行了分享，让我印象最为深刻的是，他说，一个人，该如何证明你在公司里是一个厉害的人？光是业务能力强、沟通能力强、学习能力强并不够，关键是要打造你的组织影响力，即你对组织、团队、接任者的贡献。这还需要你不断地总结归纳、打磨课程，进行对外输出分享，打造在公司的影响力。在公司内部有影响力的人，更容易脱颖而出、升职加薪。

那么，如何用读书打造组织影响力呢？很简单，你可以在读完一本经典好书后，准备一次线下分享，给同事们分享即可。当然，最好是和公司业务相关的书，这相当于你为同事们进行了一次内部培训。

如果你的公司内部本来就有分享机会，你可以去和 HR 人员报名。如果没有这样的机会，你也可以和 HR 人员沟通，看能否由你为大家进行分享。如果 HR 人员不方便帮你举办公司范围内的线下分享会，你可以争取部门内部的分享机会。

比如，当年我在公司时，就通过一次次主动沟通，赢得了分享机会，并在一次次分享中被更多同事熟悉和认可。

通过不断对外输出，慢慢让同事、领导甚至老板知道你的才华，能为你赢得更多发展机会。

〜 第 3 节 〜
如何用读书打造个人影响力

但是，可能有些公司由于某些原因没机会让你去打造组织影响力，那你可以选择在工作之余，去公司外打造"个人影响力"。现在很多网红，一开始都是利用业余时间做内容输出，慢慢才为大家熟知的。

比如，秋叶大叔当时只是普通的高校教师，他利用业余时间研究 PPT，并通过互联网的力量不断放大他的个人能量，才慢慢成为网红，并创立公司。

对于不甘平庸的小伙伴来说，有三种方式特别适合打造个人影响力，如图 4-1 所示。

图 4-1 三种方式打造个人影响力

1. 写出影响力

随着自媒体的兴起，很多人靠写作写出了个人影响力。

比如，李叫兽在 25 岁时由于出任百度副总裁，一时间成为风口浪尖上的人物。他最开始就是靠写公众号、写知乎问答而走红的。他的文章《月薪 3000 与月薪 30000 的文案区别》被无数电商文案策划从业者转发至朋友圈，可谓轰动一时。随后，李叫兽的《你为什么会写自嗨型文案？》一文引爆朋友圈，馒头商学院第一时间邀请李叫兽担任微课授课讲师。后来，他还受邀参加中国知名访谈节目《鲁豫有约》，自此，"李叫兽"几乎成为中国家喻户晓的品牌。他靠自己不断的原创输出，奠定了"李叫兽"知识型 IP 的江湖地位，并赢得了后面的无数机会，最终出任百度副总裁。

即使你无法靠写作走上人生巅峰，但靠写作来挣稿费，并打造个人影响力，对于普通人来讲并没有那么难。

你可以把书评、读书笔记等，同步发到各个平台，你不知道这会带来什么样的意外收获。如果你写得足够优秀，你也可以通过写拆书稿、讲书稿等，来挣取稿费。

关于发布平台，前面章节已经写过，此处不再赘述。

这里想特别提醒三点：

重视公众号

这里想特别提一句，虽然这几年公众号的红利期已经过了，但是，随着微信视频号的兴起，公众号又成了新的标准配制。打通公众号和视频号，已经是标准的玩法。不要忽略了公众号这块阵地。

找到适合你的平台

同样的内容，发到不同平台上，反响完全不同。比如，写书哥发现他最适合微博。微博是一个开放性、强互动的平台，他一方面通过写微博为用户输出价值，另一方面在微博上和粉丝强互动制造黏性。半年内，他在微博上积累粉丝 60 多万人。后来，他基于微博平台，通过开发微博涨粉训练营等产品轻松变现。

写书是 IP 的标准配置

如果你想进一步放大个人影响力，写书是必经之路。因为，一本超级畅销书可以无限放大一个人的个人影响力，将一个普通人变成一个红人。其实，写书并没有你想得那么难。一方面，你可以去上写书课，从而正确入门；另一方面，你可以通过找到对的人指导你进入写书的大门。比如，上面就留下了一个对的人的线索，不知道你发现没？

2. 讲出影响力

你不仅可以讲书，还可以进行任何有价值的主题分享，从而扩大个人影响力。现在分享主要的三种形式：

语音分享

线上分享足不出户，省时省力。你可以选择语音分享，提前准备好分享稿，分享时你只要照着稿子念就可以。最简单的，就是在社群里分享，慢慢为社群成员接受，讲出你的影响力。

我的助教栗子，就是通过线上分享的方式，无形中积累了影响力，从而开启副业变现之路的。我每期课程开办期间，都会让我的助教天团中的每一个人线上分享一次，一开始她也不知道自己该讲些什么，大家都建议她可以讲讲零基础的新手小白如何学习简笔画。她就是这样被大家鼓励，才在线上主动分享自己学习绘画的经验的。因为在分享时得到很多小伙伴的肯定，于是，她有了开办"栗子手账简笔画训练营"的想法。之前，她一直是不自信的，想着自己也不是科班出身的，虽然从小喜欢绘画，但真正开始学习也不过才短短一年多的时间，有什么能力教别人呢？
又怕自己收了费，教授的内容达不到大家的预期，让大家失望。
这样的担心导致她一直不敢前进一步。在大家的鼓励下，她慢慢
有了更多的自信，终于下定决心试一试。她没告诉任何人，默默
地做了两张手账风格的招生海报，发到朋友圈，抱着忐忑的心情
等待着。结果不到半天的时间，就有 10 多个伙伴付费报名。他们
的加入给了她莫大的鼓励，瞬间她就有了无比的自信：原来自己
一直在不经意间默默积累着自己的影响力。这也无意间为她打开
了一条副业变现的途径。

光自己埋头精进不懂得输出分享，别人是很难注意到你的。
持续的输出必不可少。两耳不闻窗外事，只会让你和这个社会之
间慢慢地脱轨，尝试着走出去，跟上时代的步伐，说不定会有意
外的惊喜呢。多相信自己一点，当你走出十步时，你就可以影响
到刚走了两步的朋友，永远不要低看自己，在这个人人 IP 化的时
代，只要做到持续输出，每个人都可以成为自己的超级偶像。

直播分享

你也可以选择直播分享。不过直播分享的话，就不能照着念
了，你需要对分享内容了然于胸，这对分享人的要求更高。

直播没有那么遥不可及，有时就是一群人在网上聊天。人人
皆可直播。以下 6 步，帮你轻松上手，开启你的主播之路。

准备内容　你如果想讲书或进行其他主题分享，可以提前做
好 PPT。到时，对着 PPT 讲，你就不用担心忘词了。

准备设备　最简单的设备，就是准备一部手机用于直播，再
准备一个手机支架，用于固定手机。不过，现在很多主播都是同

时在好几个平台直播，所以需要准备多台手机。

形象提升　直播时，尽量穿亮色衣服，上镜效果会更好。可以化个妆，保持好的形象。

调试测试　正式开始直播前，通常都会提前调试一下设备，以防意外。你自己也可以提前熟悉一下直播间的各种功能，方便后面正式直播时互动。

做好互动　直播时，不要光顾着自己讲。要注意手机的留言区，针对观众的问题，及时互动，给予积极的回应。同时，也要有意识地引导用户和你互动，这样直播间的氛围才会更好。

抽奖惊喜　如果你愿意，还可以准备一些惊喜小礼物送给大家，以此调动用户的积极性，这样也会让直播的氛围更好。

线下分享

你还可以进行线下分享。你可以先到线下读书会等组织，去进行讲书。和爱书的小伙伴一起分享，更能得到真诚的反馈。在优化你的线下分享技能后，再去其他地方分享。通常，线下分享能帮你链接更多同频小伙伴。

3. 演出影响力

这是一个短视频当道的时代。抖音、快手和视频号等，让许多人名利双收。尤其是视频号，很可能成为未来一段时间最大的流量入口，千万不要错过。

对于普通人来讲，长期坚持每天写文章难度很大，长期做分享的话，也很难保证持续高质量输出。但是，拍个几秒或 1 分钟的小视频难度很小，相对更容易做到和坚持。

考虑到写作和分享的难度，建议你从最简单的短视频开始尝试，去做自己的个人品牌，机会也比较多。

做短视频的成本也比较低，初期你只需要一个人、一个手机就可以启动。要是后期你真的发展起来了，可以再加大投入的力度，包括你的时间、精力、金钱，当然，你还要组建团队。

如果你不知道短视频拍什么，可以从最简单的 1 分钟讲书分享开始。这是普通人最容易上手的方式，不用担心不知道讲什么好。

目前，主要的自媒体视频平台有以下四个：

抖音

抖音是一款短视频内容平台，非常适合做品牌曝光。它上面的内容相对精致。其流量主要是公域流量，由官方平台决定，比较偏爱大号。

快手

快手是后起之秀。虽然普通用户觉得快手和抖音都是短视频 App，但其实快手更注重直播。它的内容更接地气。其流量主要是私域流量，平民化氛围浓厚，用户黏性较高。

B 站

B 站是哔哩哔哩的简称，B 站视频主要以 UP 主（即视频发布者）的长视频为主，二次元文化盛行，是年轻人的聚集地。弹幕的实时互动构成了其社区独特的调性。

视频号

如果你想打造个人品牌，千万不要错过这个阵地。由于其非常重要，因此我将在下节做详细介绍。

第 4 节
抓住视频号的红利

什么是视频号？视频号是一个人人可以记录和创作的平台，也是一个了解他人、了解世界的窗口。在这里你可以随时随地发挥创造力，记录真实的生活，与更多人分享。2020 年 1 月 18 日，视频号开启内测、逐步开放。

视频号一出现就万众瞩目，无数内容创作者对其非常推崇。凭借微信生态巨大的流量，相信没有人会怀疑其巨大的商业价值，所以，很多"大咖"纷纷开通视频号。

不过，视频号的表现一直非常克制。在最开始的内测期时，只邀请了少量"大咖"加入，并逐步向普通用户开放。

视频号，是未来每个人的机会。普通人可以用视频号来记录、分享生活，不甘平庸的人用视频号展示自己，打造个人品牌，实现商业变现。

1. 普通人也要运营好视频号

作为普通人，即使不打算做个人品牌，也要运营好你的视频号。普通人运营视频号的好处如图 4-2 所示：

图 4-2　普通人运营视频号的好处

获得机会

跟上时代的步伐，将帮你获得更多的机会。回想一下公众号流行的时候，如果别人都觉得做公众号可望而不可即，而你可以轻松帮公司搞出公众号时，你是不是比别人更容易脱颖而出？

现在，视频号也是同样。在很多人还没有开始发视频号时，你抢先一步积累了经验。这样，一旦工作中有拍摄宣传的需求，领导和同事们自然会想到你，让你来拍视频。也许，就因为你的这个技能，你就能升职加薪。

而且，在找工作时，如果你会搞视频号，甚至 HR 人员正好看过你的视频号，相信会对你求职有很大帮助。

打造名片

之前，大家出门喜欢互递名片了解彼此。今后，视频号就是你的个人名片。别人可以通过你的视频号，瞬间了解你。甚至，你可以特意制作一个你自己的个人品牌故事，用一分钟的小视频，让别人了解你的才华。

打开视野

你可以在视频号上关注优质账号，去打开未知的世界。视频号上有一个博主叫东西堂主，专门分享与人文旅行相关的视频。

"以后可能再也出不去远门了，可能没法像你一样行走世界，但我依然可以通过你的视频去看更远方未知的东西。"这是一位突发脑出血的朋友对东西堂主说的话。听到这句话之后，你是不是也很感动，并感受到了视频号的力量呢？

一位书友 Johnson 听从我的建议，一开始就开通了视频号、并坚持日更，现在他早已是视频号上粉丝过万的黄 V 博主了。

2020 年，因为新冠肺炎疫情，Johnson 赋闲在家，内心焦虑。也就在那个时候，他决定跟格格一起读书成长。

那是在疫情之后他感到最充实的一段日子，每天读书打卡，听格格讲课，解锁各种技能，忙得不亦乐乎！以前，他虽然也喜欢读书，但是不成系统，没有方法，自从跟我学习后，他掌握了多种阅读方法，读书速度和读书质量都突飞猛进！而且，我特别强调视频号，要求每个人都用视频号录一个讲书视频。2020 年 6 月 28 日他开始拍视频号，当时讲的是古典的《拆掉思维里的墙》。

他发现这种方式很不错，既能倒逼输入，又能训练镜头感，就这样一发不可收拾。从拍第一条视频到现在，一直坚持日更，粉丝破万，最多的一条视频观看的人数达 18.3 万人。他在做视频号的过程当中，非常享受，找到了乐趣。

我还有一个同学，因为做视频号，27 天轻松变现 100 万元，成为无数人羡慕的对象。听到这里，你是不是也心动了呢？从这个意义上来说，视频号相当于普通人的低风险创业。

这就是视频号带给普通人的力量。

2. 小白怎么做视频号

一说到视频号，好多人觉得太难了，不知道对着镜头讲啥好。其实，最简单的方法就是讲书。之前，我们详细讲解了如何讲书，在此不再赘述。此处主要针对小白怎么做视频号，给大家一些实用的建议：

视频的创作灵感

最开始时，你不用费心原创，去拼创意。多找几个跟你自己定位类似的视频号，好好研究他们现在是怎么做的，从模仿开始，就能轻松上手。

通过看别人播放量高、点赞高的视频，学习他们的精华，拆解他们的套路，再结合自己的特色，加入你的创意，就能慢慢形成你的风格。

请注意，一定不要抄袭，而是从中寻找规律。

视频的脚本结构

专业的视频在拍摄前，都是要写脚本的。这里想强调一下脚本的结构。通常，一个短视频的时间在 7 ~ 45 秒之间，最多不要超过 1 分钟。视频前 3 秒尤其重要，要吸引别人看下去，不然会影响你视频的完播率。

视频的拍摄剪辑

拍摄视频号短视频，不需要多么高端的设备，一部手机、一个自拍杆，就可以轻松搞定拍摄。在拍摄后，你再下载一个剪辑软件，就可以完成剪辑。

【注意】

一是环境安静，没有噪声，不然录出的视频噪声太多则效果不好。

二是背景干净、简洁，不能太乱。可以准备一块背景布，会显得更加专业。

三是借助手机支架，找好角度，拍摄前调整一下角度，别显得人太胖。

四是衣服尽量穿亮色，会显得更有朝气。

五是要化妆，这样上镜效果才好。

六是横屏拍摄会让视频号的呈现效果更好。

七是尽量不要超过 1 分钟，否则会影响完播率，不易得到算法的推荐。

八是要准备脚本，最开始不熟悉时你要写下来，等后期熟悉了，你可以只写大纲，也可以打腹稿后直接录。

九是在你剪辑时，不能有剪辑软件的 LOGO，要剪掉，而且，视频也不能出现二维码，否则会被系统判断为违规。

十是选择合适的发布时间，其实影响视频播放量最主要因素并不是发布时间，而是作品能否得到更多用户的点赞和评论，以及是否有较高的完播率。不过，通常有几个发布时间段效果最好，可供参考：早晨、中午、下班时、晚上。

3. 做视频号的注意事项

先完成，再完美

这是我一直在强调的。我发现，怎么强调也不过分，因为很多人都是输在了求完美的心理上。

很多时候，人们会有一种心理负担，想要做到完美。其实，不管做什么，别有包袱，多去尝试，别给自己设定界限。只有勇敢地跳出自己的舒适区，打破你心理的界限，你才会有更多的机会和更大的发展。

这件事，不仅适用于讲书、写书评，对录视频和很多其他事，也同样适用。

从快速试错开始

不管你在哪个平台做短视频，最好的策略都是小幅试错，快速迭代。先别考虑太多，多输出多尝试，之后再根据运营数据，进行定期总结优化。

尤其是在初期，你先大量地去拍，拍上几十个、几百个，看看哪类的受欢迎。只有当你的视频量达到一定数量时，你才会清楚问题在哪里。

别有心理负担，多尝试一下，也许哪条视频就红了。

日更是牛人的标配

如果你想运营视频号，就要做好日更的准备。甚至，可以说，日更是做好视频号的前提。很多牛人入局视频号后，都在坚持日更，甚至一天多更。刘兴亮老师在《点亮视频号》中写道：视频号上线后，我给自己立下目标：2020 年实现全年日更。之所以日更，是因为我认为，事物的发展是从量变到质变的，没有积累就没有飞跃，世界上更没有一蹴而就的事情。人不对自己狠一点，很多事情就无法坚持下去。在博客盛行的年代，我坚持日更 3 年多，在微博年代，我坚持日更 5 年，微信公众号上线后，我至今已坚持日更 2 年。

视频号的上线，意味着一个崭新的赛道正在迅速开启，能够拥抱变化、顺势而为的人，就有机会打造下一个闪耀的个人品牌，尽享时代红利。

～ 第 5 节 ～
打造影响力三大建议

关于如何打造影响力，最后给大家三点实战建议：

1. 别待在自己的小天地里，跟上时代的步伐

有时候，在一个地方待久了，就会以为那是全世界。其实，

外面有很多你不知道的可能和精彩。别总待在你自己的小天地里，走出去，跟上时代的步伐，你不知道会有怎样的惊喜在等你。

现在是一个视频的时代，短视频和直播，让你拥抱更大的世界。尤其是视频号，会给普通人更多的机会。

也许你不一定会变成网红，但是，如果因为你的优秀被别人看见，而为你赢得一个更好的工作机会，或者一些工作上的项目，是不是生活也会更精彩呢？

2. 从热爱出发，探索你的使命

你喜欢的、你擅长的、有意义的事情，就是你的天命所归，就是你的人生使命。如果你工作只是为了挣钱谋生、升职加薪，那也无可厚非。但是，千万不要忘了，在工作之余，继续探索你的热爱，寻找你的使命。因为，找到使命，每天都沉浸在工作的心流中，是非常美妙的一种生命状态。

所以，你可以去继续你的探索与热爱，愿你早日与你的使命相遇。

在打造个人品牌的路上，我因一直坚持热爱，才有幸成为今天很多人羡慕的自由职业者。下面给大家分享一下我坚持热爱、找到使命、离职创业的故事，希望给你一些启发和力量。

从 2009 年到现在，我一直坚持每天读书。这 10 年，因为热爱读书，我从一个普通上班族，到离职创业，成为一名自由职业者。这 10 年，因为热爱读书，我的生活发生了六大变化。

我发现，真正的热爱，有一种巨大的力量。

【变化 1】之前一年读不了几本书，现在每年轻松读 100 多本

我为什么突然想读书呢？这都是受俞敏洪老师的影响。

之前，我总觉得读书是一件大事，必须留出整块的时间，可我太忙了，根本没时间读书，所以，一年也读不了几本书。

但是，2008 年我听了俞敏洪老师的一次演讲，彻底改变了我对读书的看法。

那时我还年轻，正在新东方上班。在一次演讲中，我听俞敏洪老师说，他一年读书 50 多本。当时，我的内心受到了非常大的震撼。

俞老师比我忙得多，都能一年读 50 多本书，平均每周读 1 本。我作为他的员工，比他清闲得多，却没时间读书，我顿时觉得无地自容。

于是，我当时就立下目标，每年至少要读 26 本书，也就是老板一半的读书量。

2009 年年底，我完成了自己立下的读书目标，并且从此从量变到质变，读书越来越多，现在每年轻松读 100 多本书。

通过这些年读书，我发现，有些人不是不爱读书，只是方法不对。只要方法正确，你也可以每年轻松读 100 多本书。

【变化 2】从体育特差生，到 1 年跑 7 个马拉松

我从小就是体育差特生，在运动方面好像先天不足，每次体育考试都补考，在运动方面特别自卑。

但是，在 2016 年，我一口气跑下了 7 个马拉松（包括 6 个半马和 1 个全马），创造了我自己的奇迹。到底是什么点燃了我的小

宇宙呢？是一本书。

当时，我偶然间读到了村上春树的书《当我谈跑步时，我谈些什么》。村上春树将多年的跑步心路历程，都写到了书里。我看完之后，非常受触动。

他说："只要跑步，我便感到快乐。在我迄今为止的人生中，养成的诸多习惯里，跑步恐怕是最有益的一个，具有重要意义。"

于是，我也想去感受跑步的魔力。那一年，我从零开始练跑步。一开始，我跑几百米就喘不过气，必须停下来休息。后来，经过不断练习，我一年跑下了 7 个马拉松。

跑完马拉松，我不再自卑，变得更加自信。因为我知道，我可以用我的努力，去打破了所有不可能。

【变化 3】从不擅写作，到出版人生第一本书

之前，我一直不擅写作，觉得写作是一件特别难的事。没想到，我的文章竟然也能被印刷出版。

你可能会问我，当初我为什么会突然开始写作的呢？是因为读书的影响。

2015 年，我偶然间读了一本书《藏在这世间的美好》，非常受触动，作者鼹鼠的土豆的经历引发了我强烈的共鸣。于是，我写了人生中第一篇书评。并且，我还在豆瓣上，给鼹鼠的土豆发了一封邮件，在她的指导下，我开始多读书、多写书评。

慢慢地，我开始敢用写作的方式去表达自己。

2016 年，我参加了古典老师举办的征文活动。我的文章有幸入选。如果你去看《成为你想看到的改变》这本书，就会翻到我的文章。

虽然，对于别人来讲这只是小事一桩，但对于我来讲，却是巨大的鼓励。我没有就此止步，这才有了这本我独立写作的图书的出版。

【变化 4】突破瓶颈，成功转岗，开启职场新方向

之前，我是一名英语编辑，从事这份工作多年，觉得遇到了瓶颈，又苦于找不到突破口。

2016 年，因为我平时写书评，意外得到一份兼职写公司宣传稿的机会。这份工作需要在本职工作之外，加班加点来做，很多人不愿意接。但是，我愿意，因为我非常珍惜这个英语编辑之外的工作机会。

我为了做好工作，我不仅去上写作课，还去读运营书《运营之光》。我学以致用，工作得到了领导的肯定。

2017 年，因为工作用心、文章宣传效果不错，我成功从一名英语编辑，转岗做运营，开启了职场新方向。

【变化 5】从一个人读书，到运营两个公益读书会

2015 年，我还在新东方上班。我发现，俞敏洪老师特别提倡读书，但是，当时我所在的"新东方在线"却并没有一个公司内部的读书会。

于是，我跟 HR 部门申请，想办一个新东方在线读书会，但被 HR 部门拒绝了，理由是根据公司流程，我需要一年后才能申请。我索性自己去发朋友圈，看有没有人愿意一起读书。于是，一个 20 多人的微信读书群诞生了。

后来，随着我离职，这个读书群成了我个人的线上读书社群——格格读书会。

几年来，格格读书会一直公益化运营，没向成员收过一分钱，通过读书、写作、赠送图书、线上分享、线下活动等形式，带着大家一起成长。

也因为我运营格格读书会的成功经验，2018年，在我成为混沌大学的学员后，第一时间向混沌大学北京分社的老师，申请成立混北读书会。

2年来，读书会零预算、零工资、零收费，长期坚持公益化运营，定期举办线下活动。用线下读书学习交流的形式，带着混沌大学的同学们一起成长。

因为坚持交付高质量的线下活动，而且从未向大家收过一分钱，这个公益读书会得到了混沌大学老师和同学们的认可。

我因读书而受益。我也愿意带着有缘的小伙伴一起读书成长。

【变化6】把爱好变职业，成为自由职业者

2年来，读书会虽然得到了混沌大学老师和同学们的认可，但也被很多人误会、嘲笑，因为，很多人不相信，有人会不是为了利益，只单纯因为热爱去长期坚持做一件不挣钱，甚至还出钱、出力、欠人情的事。

在一次次质疑中，我惊讶地发现，原来我能长期运营读书会，是因为带着大家一起读书成长，就是我的人生使命。

2019年8月，找到使命后，我创立"格格读书营"。2019年10月，我离职创业，成为一名自由职业者。

现在，格格读书营有了自己的文创产品，1 周年庆生活动也被各大媒体报道，混北读书会也已经 2 岁了。而我也成功地把爱好变职业，从当年的普通员工，成为一名自由职业者。

感谢读书带给我的力量。

乔布斯曾经说过：你需要去找到你所爱的东西。对于工作是如此，对于你的爱人也是如此。如果你现在还没有找到，那么继续找，直到你找到它，不要停下来！这个世界上，不是每个人都知道自己热爱什么。如果你找到了，千万别轻易放手。

因为，你不知道，有一天，你的热爱会把你带向哪里，你的热爱会许你一个怎样的奇迹。真正的热爱，不需要坚持。真正的热爱，有一种强大的力量。

愿你爱你所爱，听从内心，无问西东。

3. 打造个人品牌的关键问题

如果你不甘平庸，想在塑造个人品牌这条路上取得好的成绩，希望你注意以下三个关键问题：

找到定位

所谓定位，简单地说，就是你是干什么的。你要有明确的标签，并根据你的定位，为别人提供价值，去强化你的标签。

比如，格格的定位就是"读书赋能教练"，通过运营线上付费社群和运营线下公益读书会不断强化这个标签。

持续输出

想打造个人品牌，不是一日之功，需要你多输入，不断从文章、图书、课程中寻找灵感，才能保持持续输出。

比如，秋叶一边在高校任教，一边创业运营公司，还多年坚持更新公众号、更新微博，这需要大量的输入积累和强大的自律力。

艰苦创业

打造个人品牌就是一条创业之路，这条路并不轻松，可能会有很多困难，你要做好吃苦的准备。

当然，在你打造个人品牌的过程中，人生的更多可能，也被一次次打开。你永远不知道你的极限在哪里，你永远不知道下一个挑战是什么，你永远不知道下一位贵人会在什么时候降临，这让你的生活更加丰富多彩。而这，可能也是生活的意义和乐趣所在。

【读书达人故事】

只有你自己知道，遇见她才开始闪耀

作者：Amy

结婚，怀孕，生娃，带娃，2018 年到 2019 年，我从学生成为妻子和母亲。新身份的转变，没有给我一个缓冲和适应的时间，怀孕又牵扯了我很多精力，让我根本无心思考，每天浑浑噩噩的。

不知不觉孩子出生了，伴随着小家伙的到来，我觉得自己更加一无是处。孩子一哭，家人的注意力便转到了她身上，而孩子漾奶、发烧或者任何小伤痛，我就是众矢之的，莫名其妙成了那个"做错事"的人，可是我明明也是新手，我明明也需要学习，需要时间成长。

我不想要过这样的生活，于是尝试着改变现状。我开始用感恩日记的方式记录生活，随着记录这件事的进行，我从本来"完全没有自己的时间""完全没有自我""不断否定自己"的生活中抽离出来，我看到"原来我也可以让宝宝吃饱""我可以独立给宝宝换衣服"……我找到了太多的"我可以"，我看到了生活存在的其他可能性，感受到了生活的更多乐趣。

1. 神奇感恩日记成长营

感恩日记记录到 40 天左右时，我有幸加入了格格早起营！

在这里，我找到了"组织"，我遇到一群同频的伙伴，我们散落在世界的各个角落，如今为了早起之后或阅读，或备考，或跑步……我们聚在这个群里。

在这里，我完成了人生中第一次分享。著名经济学家周其仁说："很多时候重要的不是知识，而是切身感受到的力量。靠近厉害的人，你就会慢慢变得厉害，没想法也会变得有想法，小想法会变成大想法。"靠近厉害的人，亲身感受过对方的能量，你也会被点燃。

感恩日记的分享，意外得到大家的好评，紧接着我收到大家源源不断的咨询，这引领我做起了"神奇感恩日记成长营"，我带领大家一起写感恩日记，一年时间影响了近 200 个小伙伴和我一起记录生活，管理情绪，挖掘潜能，自己原本只是做着简单的事，本着分享的心，把记录下的经验整理说出来，没想到竟然让这么多人发生改变。

2. 阅读点亮生活

之后我又追随格格走上了阅读之旅！

以前的自己一年阅读量也就是二三十本书，读的时候心潮澎湃，读完就忘，这就是典型的"见过许多的道理，依然过不好这一生！"

开启读书营之旅以后，我的生活发生了翻天覆地的变化！随着刻意练习，社群熏陶，担当助教，倒逼自己成长，我率先达成了一年阅读100多本书的任务，不仅学会了阅读方法，还学会了写书评！

写到第4篇书评时，我就收到了出版社赠书，邀约我为他们写书评，还拿到了一笔小小的稿费。

朋友圈的小伙伴，见我阅读量提升，生活状态也完全不一样，也纷纷加入到了阅读的队伍中。

我觉得自己真的活成一个小太阳了。我一直以来的梦想就是影响周围最亲最近的人，阅读让我影响到了周围亲密的朋友家人，我的爱人、我的孩子、我的好友都开始阅读起来了！

3. 坚持去做的影响力

在影响力课上，格格分享了微信公众号的slogan："再小的个体，也有自己的个人品牌。"

以前的我很自卑，觉得自己没有任何影响力，而我自从创立了"神奇感恩日记成长营"，就开始被周围的人称作"小太阳"！

后来我有幸成为读书营的助教，在读书营陪伴着一期又一期的学员，见证大家的成长收获，在这种优秀的团队里，自己也在潜移默化的影响下，变得越来越好～

在这个过程中，我坚持记录感恩日记，发布在公众号中。我完成读书营的作业，每次都当自己是个初学者去突破自己，让自己去挑战，去尝试。因为我知道，去做你害怕的事，你会收获无穷，果然，每一次的尝试都让我收获颇丰！

　　我的感恩营课程不断迭代和完善，从最初的 9.9 元、99 元，到现在的 499 元。我从最先开始不会分享，不敢分享，到现在把感恩日记整理成系统的课程。

　　如果你觉得我有才华，那错了，我只是坚持去做！秋叶大叔说：把一件事做到极致，才是打开影响力的关键。

　　格格在影响力课程中分享了提高影响力的方式，归根结底也就是：通过多平台持续输出。

　　最后分享很喜欢的话与大家共勉：没有人会把我们变得越来越好，时间有时候也只是陪衬，支撑我们变得越来越好的是在我们日复一日的坚持下，不断进阶的才华、修养、品行及不断的反思和修正。

【金 句】

你的优秀，值得被看见。勇敢秀出你的精彩。

【作 业】

　　请在视频号上发布短视频，分享你的读书心得，时间最多 1 分钟。（如果希望我看到你的视频，可以带话题 # 格格读书营并 @ 格格读书会。）

第5章

链接力：
结识同道中人，获取黄金人脉

在很多人的眼里，我是一个链接力特别强的人。好多小伙伴在找人脉、找资源时，都会问我一下是不是认识相关人士。你是不是觉得，我一定性格外向、擅长交际？不好意思，让你失望了。你可能不会相信，我是一个性格内向的人，并不擅长主动结交别人。但因为读书，我竟然也慢慢发展出了链接力。这种链接力在生活中创造了很多小小的奇迹，能帮小伙伴们找工作、找对象、找资源，也让自己能量满满，生活更加美好。

～第1节～
链接他人的六大好处

《别独自用餐》的作者基思·法拉奇出生于美国的一个农村，曾经是高尔夫球的球童，但他通过人脉管理，以及自身的努力，成为克林顿和希拉里智囊团中的人脉大师。他通过 20 多年的研究，发现一个人的成功，85% 归功于他的人脉关系。

现在不是一个单打独斗的时代。你必须走出自己的小圈子，融入更大的圈子中。链接力可以帮你找工作、找对象、找资源，能让你的生活更加美好，具体来说，链接他人有六大好处，如图 5-1 所示：

搭建成长系统

满足社交需求

感受他人力量

POWER

链接各种资源

链接他人的
六大好处

过上幸福生活

拓展客户群体

图 5-1　链接他人的六大好处

1. 满足社交需求

根据马斯洛需求层次理论，人类一共有五大需求，分别是生理需求、安全需求、社交需求、尊重需求和自我实现需求。

生理需求，包括对食物、水、空气、性、健康等的需求。这是人类最基本的需求。

安全需求，包括对人身安全、生活稳定及免遭痛苦、威胁或疾病等的需求。

社交需求，属于较高层次的需求，如对友谊、爱情及隶属关系的需求。

尊重需求，属于较高层次的需求，如对成就、名声、地位和晋升机会等的需求。尊重既包括对成就或自我价值的个人感觉，也包括他人对自己的认可。

自我实现需求，是最高层次的需求，包括对达到真善美至高人生境界的需求。

关于社交需求，你平时可能感受不是特别深。但是，在新冠肺炎疫情宅家期间，相信大家都感同身受。每天宅在家里，与世隔绝，每个人都憋坏了。那时，我们都特别渴望与朋友们在一起畅聊一番，与人面对面说说话。

2. 搭建成长系统

链接他人，还能为你的学习成长搭建一个支持系统。古典老师曾经提过，一个学习成长的支持系统，由四种人构成：

榜样

所谓榜样，虽然可能离你很遥远，但他能给你一种精神力量，像灯塔一样指引你前进。比如，我当初很少读书，就是受到俞敏洪老师的鼓舞，才下定决心多读书，从而开启每年读 100 多本书的成长之路，慢慢成为许多人眼中的读书达人。榜样会给你更多的能量，即使你遇到困难，他也会在远方用他的精神照耀着你，引领着你坚定前行。

导师

所谓导师，就是你的老师。他就在你的身边，给你各种指导和反馈。比如，在格格读书营里，我就是大家的老师。一方面，我给大家讲课，传授知识，把各种方法传递给大家；另一方面，我通过给大家点评作业和答疑，及时给予大家反馈，为大家指出问题和不足，帮助大家更快地成长。导师，其实就是你的教练。在刻意练习里，有效及时的反馈是必不可少的，能帮人们达成有效练习、快速成长。

小伙伴

一个人走得很快，但一群人走得更远。学习路上，小伙伴会陪伴着你，让你不再孤单，小伙伴也会给你鼓励，因为你的很多问题他都感同身受。对成年人来说尤其如此，成年人在工作之余坚持学习并不容易，一个人很难坚持，这时你需要和高能的小伙伴团结在一起，让正能量的学习氛围带动着你。

现在，知识付费领域中非常流行的"训练营"模式，就帮你创造了一种同伴氛围，给你一个积极向上的学习环境，从而促使你坚持下来。你不仅有助教，还有同桌。当你想放弃的时候，助教和同桌的鼓励就是你前进的动力。

竞争者

如果你周围有竞争者的话，你会更加感受到一种压力，这同时也是一种别样的动力。试想，如果你去参加一场比赛，对手非常优秀，与你旗鼓相当，是不是能给你更多奋进的动力呢？

当然，不是所有的成长支持系统中，都会有竞争者。但是，至少前三者，即榜样、导师、小伙伴是必备的。

我就曾经用成长系统来帮自己背单词。我之前曾下决心，每天背单词，但发现坚持一阵就会放弃。后来，我突发奇想，建了一个背单词群，大家一起每天背单词后，在群内打卡。每当我想放弃时，发现小伙伴不管每天工作到多晚，都会坚持背单词，甚至连春节放假，大家都在坚持打卡。这给了我无穷的动力。

说到底，任何的学习都不是单打独斗，你要有意识地搭建你的学习支持系统。将链接力的作用发挥出来，会帮你在学习路上快速进步。

3. 感受他人力量

李笑来老师曾经说过，学习是一种社交行为。所以，如果你想去感受他人的力量，一定要积极参加线下活动，去现场感受。

比如，我曾经和几位从事写作的小伙伴，一起作为分享嘉宾，参加过一次线下分享活动。当时，我们几个分享嘉宾并不是在写作上多么厉害，我们只做了一件事，每天写作至少1000字，坚持写了一年。

奇怪的是，自从参加这次活动后，和我同去的好几个小伙伴，都开始坚持每天写作。我曾私下问过他们为什么。没想到，得到的答复竟然惊人的一致。他们都说，之前觉得每天写作这件事只有牛人才能做到。但是，在活动现场，他们看到包括我在内的几位分享嘉宾也做到了，这给了他们莫大的激励，于是，他们也开始坚持每天写作。

你看，这就是通过参加线下活动，去感受他人的力量，产生的神奇作用。

4. 链接各种资源

一说到链接他人，人们就会想到著名的"六度人脉理论"，它属于社会心理学的范畴，是由美国心理学家米尔格兰姆提出来的。这个理论的意思是，最多通过六个人你就能够认识任何一个陌生人。

这个世界有时很大，有时很小。在你需要一些资源的时候，也许问问你周围的人就可以找到它。

我运营的混北读书会是一个公益项目，零预算、零收费、零工资，为此很多人不看好这个项目，觉得我根本不可能长期坚持下来。我虽然手里没有一分钱，也没有任何的资源，但凭借着一腔热情，感染着周围的小伙伴们主动对我提供各种支持，有人出场地，有人出人力，有人出茶歇饮品，有人出礼物。在链接各种资源后，我让一个不被看好的公益读书会成功运营了 2 年多，并且还在运营中。你看，这就是链接力。

不过，顺便说一句，越是稀缺的资源越是集中在高质量的圈层，也就是传说中的高端人脉手中。因此，很多 CEO 都愿意花重金去学 MBA 课程、混各种高端人脉圈，就是为了链接人脉，从而链接更多的资源，以助力事业发展。

5 过上幸福生活

我曾看过一个著名的 TED 演讲，主题是"幸福的秘诀是什么？"这个演讲中，提到了心理学上一个著名的实验。1938 年，哈佛大学开展了史上历时最长的成人发展研究，持续 75 年跟踪 724 人，从少年到老年，耗费了超过 2000 万美元的资金，探寻影响人生幸福的关键因素。这就是著名的"格兰特研究"。

研究中呈现了几组数据：在受访者中，与母亲关系亲密的人，每年的收入要多出 87 000 美元；与兄弟姐妹相亲相爱的人，每年的收入要多出 51 000 美元；在"亲密关系"这个类目上得分最高的 58 人，平均年薪是 243 000 美元，而得分最低的 31 人，平均年薪不足 102 000 美元。不仅收入高，拥有高质量亲密关系的人在身体健康水平和老年脑功能上也明显优于那些离群索居或亲密关系欠佳的人。

当时，这个实验的第四任研究带领者罗伯特向世人报告了这项伟大研究的成果，告诉了人们一个重大发现，即影响人生幸福最关键的不是出身，也不是金钱，而是人际关系。幸福的人有能力跟他人建立起高质量的亲密关系，懂得爱与被爱。日子过得最好的，是那些主动与人交往的人。

所以，为了拥有更幸福的人生，你也要积极主动地链接他人，拥抱一个幸福的未来。

6. 拓展客户群众

对于做 TO C 业务的小伙伴来说，如果你需要不断拓展客户，那你的链接力必须过关。比如，大家熟悉的保险经纪人，就是通过一次次链接他人，与客户建立信任，才能成功签约、完成业绩，从而在这个行业中生存下来的。

对于做 TO B 业务的小伙伴来说，链接到对的人，可以开拓新的渠道，为公司开拓新的业务版图。

一位书友荆白雪也通过读书时链接到书友们打开了自己，让阳光照了进来。之前她一直是一个被动社交的人，20 多年来她一个人吃火锅，一个人看电影，一个人逛街，一个人去旅游，她不是习惯了孤独，而是慢慢地感觉不到孤独了。但是，在新冠肺炎疫情期间，经过 14 天的独自隔离，她突然明白，人类是群居动物，她也不例外，她太需要和周围的小伙伴去交流了。后来，在我的鼓励下，她不再把自己封锁起来，而是学会打开自己，敞开心扉，从和书友们在线上链接，到多次参加线下读书活动，她清晰地感受着这一年来链接力对她的影响。

通过线上主动添加书友微信向大家学习，她开始了链接之旅。从他们身上，她真切地感受到了榜样的力量，同时，他们积极乐观、自律精进的生活态度也影响着她。和优秀的人做朋友不仅是她精进自己的最大动力，也为她的前进道路指明了方向。在链接他人的过程中，她也获得了自信。慢慢地，她开始影响身边的人一起阅读，一起写日记。看到朋友们因为她的建议变得越来越好，她就觉得很开心。最重要的是，她终于有勇气向枯燥颓废的工作说再见，而且竟在离职前给其他同事做了一个星期的项目培训，也很快找到了真正喜欢的工作，在工作中找到了乐趣。

以上就是链接他人的六大好处。《运动改造大脑》中有一句话：孤独会使人变笨。在这喧哗的闹市，我们听多了"耐得住寂寞，拥得了繁华"，却慢慢忽略了人类的进步其实是在群体中出现的。所以，链接他们是我们在学习成长过程中的关键一步，希望我们每个人都能勇敢地去链接他人，打开自己，去迎接阳光，去迎接更加优秀的自己。

第 2 节
如何线上链接他人

美国社会学家格兰诺维特提出，人与人之间的关系，分为强关系和弱关系两种。

强关系指的是个人的社会网络中同质性较强（交往的人群从事的工作、掌握的信息都是趋同的），人与人的关系紧密，有很强的情感因素维系着的人际关系。用中国人的话说，就是关系很铁。

反之，弱关系的特点是个人的社会网络异质性较强，人与人之间关系并不紧密，也没有太多的感情维系，也就是我们所谓的泛泛之交。

格兰诺维特认为，关系的强弱决定了能够获得信息的性质及个人达到其行动目的的可能性。在他做的调查中，美国社会是一个弱关系社会。也就是说，一个人认识的各行各业的人越多，就越容易办成他想要办成的事。而那些交往比较固定、交际圈比较狭窄的人则不容易办成事。

格兰诺维特发现，在求职过程中，由家人、好友构成的强关系在工作信息流动过程中起到的作用很有限，反倒是那些长久没有来往的同学、前同事，或者只有数面之缘的人能够提供有用的求职线索。

实际上，在现实生活中，不管是强关系，还是弱关系，都会发挥巨大的作用。关键是你需要积极主动地选择加入高价值网络。什么是高价值网络？抛开世俗的标签不谈，就是一个高能量的人际圈子。

那么，如何才能链接到这些高能小伙伴呢？你可以通过线上或线下去链接。通常有四大方法，可以从线上链接他人。

1. 参加线上社群

读书的小伙伴经常会觉得周围可交流的同样热爱读书的小伙伴太少了。其实你完全可以通过参加线上社群的方式，和同频小伙伴链接起来。

不要误以为参加线上社群，就只是听课、写作业。通常，愿意付费参加学习的，都是非常优秀的小伙伴。你可以通过主动沟通，和大家链接起来，去挖掘你的"宝藏同学"，这也是参加线下社群的意义之一。

通常，在运营比较好的社群里，还会精心设置一些环节，以促进大家的彼此链接，比如，专门设置了同桌，还会有互相采访、互送礼物等环节。有些小伙伴就是在线上社群里发现了同频的知心好友，有些人甚至还发现了合作伙伴。

2. 进行线上分享

内向的小伙伴如果不是特别擅长主动链接别人，可以在微信群里，在征得群主的同意后，进行线上主题分享。如果你不知道分享什么内容好，可以进行讲书分享，让别人来认识你。在听了你的分享后，同频小伙伴通常会主动来加你微信，和你聊天。

在和别人的聊天中，别人通常会给你肯定和鼓励，你们在共同话题的基础上，更容易建立起线上的友谊。

3. 持续写作输出

持续地写作输出，也能帮你建立影响力。不过要注意，这里的写作，特指你在公开平台写作（包括豆瓣、简书、公众号、微博、今日头条、知乎等），而不是把写的东西自己保存起来。现在的平台，通常会有私信功能，同频小伙伴会主动来链接你的。

比如，我之前曾经运营过公益社群早起营。当时，就是因为我把关于早起的文章发到平台上，结果好多小伙伴想和我一起早起，我才为大家运营起了公益社群，带大家一起每天早起打卡。做这个社群，我一分钱没向大家收过，看起来似乎很傻。但是，在利他付出中，我感受到了一种特殊的快乐。这也为我今后寻找使命指出了方向。

只要你主动去写作，并保持持续地输出，你不知道会有怎样意外的惊喜和收获。

4. 创建线上社群

如果你有精力，也可以创办一个线上社群。不管是付费社群，还是公益社群，作为群主，你自然会链接群内的小伙伴。这几年，我出于个人兴趣，创建过好几个公益社群，包括背单词群、早起营、格格读书会等。这些都是我在业余时间运营的公益社群，帮我链接了很多同频的优秀小伙伴，让我感受到创建社群的强大力量。后来，我的创业小项目格格读书营，也是一个线上的付费社群。通过这个社群，我链接了很多全国高能的小伙伴，现在走到哪里都有人接待我，是不是也很不错呢？

～第3节～
如何线下链接他人

说到链接他人，肯定是线下链接会比线上的效果更好。只有在线下的场合亲自见上一面，聊一聊，才会加深对彼此的了解，找到共同的兴趣点，建立更加亲密的关系，甚至建立业务上的合作关系。所谓"线上聊千遍，不如线下见一面"，说的就是这个道理。

线下链接，不仅要付出金钱成本，还要付出时间成本。但一切付出都是值得的。线下链接他人，有六大方法：

1. 参加线下活动

我一开始走出自己的小世界，就是从参加读书会线下活动开始的。当我开始渴望和同样热爱读书的小伙伴去交流时，我通过互联网搜索到了好几个读书会。那时，我穿梭在不同读书会间，想找到自己最喜欢的读书会，去链接同频的优秀小伙伴。

事实证明，这是我成长路上非常重要的一步。正是在线下读书会里，我发现，爱读书的小伙伴通常都特别有上进心，他们身上有一种特别积极的能量在鼓舞着我。

也正是在读书会小伙伴的影响下，我去了中科院心理所进行在职研究生的进修学习，开启了一段全新的人生旅程。

所以，你也可以通过参加线下读书会活动，感受线下活动的魅力和线下场域的能量。

2. 参加线下付费学习

其实，一个人最快的成长方式，并不是读好书，而是见牛人。当你有一个问题迫切需要解决时，肯定不会找许多本书来读，独自去辛苦摸索解决方法。最有效的方式，一定是直接去求助于有能力的高手。只是普通人可能身边的高手不是那么多，所以才退而求其次，通过读书、听课、读文章等方式，来提高自己解决问题的能力。

但是，有一个方法，可以帮你快速链接牛人，那就是参加线下高质量的付费学习，链接超级人脉。这里的超级人脉，不只是你的授课老师，还有你的"宝藏同学"，你不知道谁也许就是你生命中的贵人。而且，通常学费越高，你链接到的人越优秀。

因此，成甲老师在《好好思考》一书中，鼓励大家去主动寻找超级人脉、主动加入有超级人脉的高价值网络。比努力更重要的，是加入高质量的网络。

比如，我自己就是在加入混沌大学后，受老师和同学们的影响，才走上了离职创业之路。因为混沌大学本身就是针对创业者开设的，我在这里耳濡目染，不知不觉间受其影响，从没想法开始变得有想法。

链接超级人脉，也是很多企业家、中高管们纷纷去上MBA课程的重要原因。

3. 进行线下分享

通过线下演讲，也能帮你增加曝光度，让活动到场的人迅速认识你。不过，想进行一次精彩的线下分享并不容易。你可以先从线下读书会的读书分享练起，慢慢地再拓展到其他主题、其他场合。

另外，需要提醒一下，线下活动通常会有一些互动环节。你可以利用这个环节，和嘉宾积极互动，让许多人认识到你的优秀。说不定就会有谁欣赏你的才华，从而主动来链接你，为你带来意外机会。

比如，我能为成为混沌大学的主播，就是因为在参加混沌大学全国比赛的准备过程中，积极上台发言，才有了意外机会。

4. 一对一约饭 / 约咖啡

向别人请教、跟别人学习，才能打破认知边界，建立多元思维模型，从而实现快速地成长。尤其是在你遇到问题，冥思苦想许久都找不到答案时，也许别人一句话就能点醒你。这就是所谓的"听君一席话，胜读十年书"。

物理学中，有一个"熵增定律"，大意是说，在一个封闭环境中，任何事物必然从有序到无序，直至死亡。任何封闭系统，最终的命运是走向死亡。要想反熵增，就需要你"开放"，即对外开放，不能封闭自己。

一位书友李卫丽曾经分享过："我工作多年，经常公司家里两点一线，经济压力变小，相对比较稳定，慢慢感觉到接触的新鲜事物越来越少，成长变缓。这个阶段很容易进入混吃等死、吃喝玩乐、不思进取的状态，然后个人的熵增就开始了。这时，要对外链接别人，即反熵增。"

个人的反熵增，就是找人一对一约饭或约咖啡，在一对一的交流中，获得智慧和能量。华为公司就非常鼓励约见牛人，创始人任正非用"一杯咖啡吸收宇宙能量"，来鼓励华为员工跟全球最优秀的人才喝咖啡。

我也一直在进行约饭计划，比如 2019 年，我曾经和 100 个优秀小伙伴单独约饭请教，从中受益匪浅。因此，我也一直鼓励周围的小伙伴去积极链接他人。

5. 组织线下活动

通过组织线下活动，你自然也会成为大家的人脉中心。

我通过组织混北读书会的定期线下活动，把同频的高能小伙伴聚集在一起。如果你觉得组织读书会太麻烦了，那你可以从最简单的事，即组织大家聚餐开始。

聚餐是非常简单的线下活动，只需要提前订好餐厅，再确定聚餐时间就行了。在聚餐时，通过自我介绍、互动游戏、话题分享等环节，大家就会相互熟悉起来。

通过把大家组织在一起，让不认识的朋友们相互结识，你自然会成为大家眼中的人脉资源链接器，别人有事自然也会找你帮忙。

利他付出，本身就是一种幸福，也会让你有许多意外的收获。

如果你也想体会这种快乐和幸福，也可以组织同城的线下活动。

6. 主动寻求帮助

在链接他人时，有一点经常被大家忽视，即主动寻求帮助。有些人，在有困难的时候，都是自己憋着、自己煎熬，从没想过去寻求帮助，他们害怕麻烦别人。其实，朋友都是"麻烦"出来的，不必不好意思。

在《富兰克林自传》这本书里，本杰明·富兰克林就分享了他当年通过向政敌借书，成功地化敌为友的故事。

你也可以尝试从小事开始麻烦一下周围的同事、朋友，别人不一定会拒绝你。说不定，对方会积极热情地帮助你，你也会因此收获一个好朋友。

以上就是线上和线下链接他人的十大方法。最后，想强调一下，对于链接他人，肯定是线下比线上的效果更好。所以，如果有可能的话，即使是线上认识的小伙伴，也尽可能约到线下来见见、聊一聊，那会让你们更亲近，也许在聊天中你会有意外收获。

～第4节～
链接他人的三大核心

前面讲的链接他人的十大方法，属于"术"的层面。下面再分享一下链接他人的"道"。如果没有正确的"道"，空有"术"的话，效果也并不好。以下三点，才是链接他人的核心，如图 5-2

所示。

1. 足够优秀

在《财富自由之路》这本书中，作者李笑来曾经写道："自己首先得是贵人，才能遇到贵人，甚至更多的贵人。你不优秀，就没有有效的社交。"

这句话虽然有些扎心，但想想确实如此。人们都喜欢跟优秀的人交朋友，正所谓"近朱者赤，近墨者黑"。当你很优秀时，别人会自动向你靠拢。如果你不优秀，遇见真正的牛人，你可能也没法和他对话，因为你和对方的认知水平相差太远，可能都听不懂对方在说什么。

让自己变优秀，是解决一切问题的关键。一方面，你要多读书、多听课，升级认知；另一方面，你也要在实战中取得成绩，用你的成绩证明你的优秀。一起努力变得更优秀吧。

2. 做人靠谱

如果有能力、没人品的话，相信也没有多少人愿意和你一起。你必须是一个做人靠谱的人。

比如，当年，我曾经邀请远在深圳的弗兰克来北京进行线下分享。当时，弗兰克因意外错过了高铁。但他为了兑现承诺，立刻改买飞机票飞来北京，只为了来北京进行一次没有出场费的公益分享。

他用行动让我明白了什么是一诺千金，什么是做人靠谱。

所以，在生活中，你不要随便承诺别人，一旦承诺了，就要说到做到，这是做人最基本的原则。

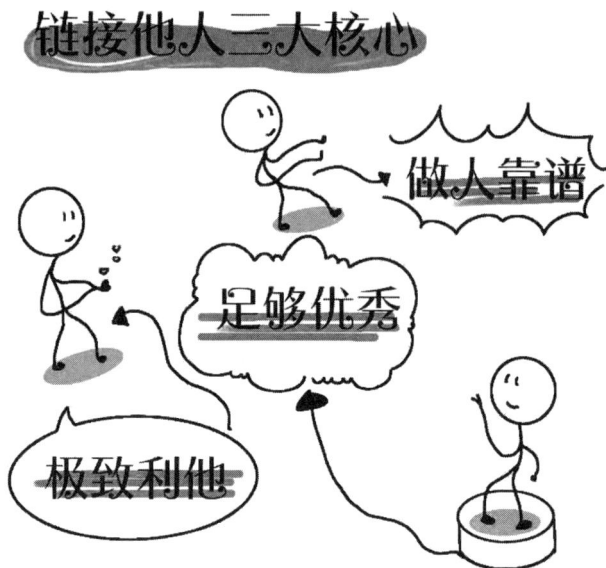

图 5-2　链接他人的三大核心

只有你成为一个靠谱的人，别人有机会时，才会想到你，你的路才会越走越宽。

3. 极致利他

"积善行，思利他"是稻盛和夫先生提倡的六项精进原则之一。在《心：稻盛和夫的一生嘱托》中，他也强调，人生的一切成功都可归因于利他之心。利他之心，符合宇宙的意志，能让事情的成功率更高。

其实，利他才是最好的利己。当你为他人提供价值时，别人才会信任你，愿意跟你在一起。也因此，建议大家努力增加"给"的能力，而不是"要"的习惯。

以下有三大方法供你参考，帮你成为一个利他之人：

主动提供服务

在社群或组织中，可以通过主动承担一些工作，为大家服务来积极利他。

比如，格格读书营的李琳娜同学在听了我的建议后，在社群学习时主动分享笔记，结果顺利成为社群里的红人。好多人都因此特别感谢她，她也因此拥有了很多信任她的小伙伴。当时，听我分享完链接力的心得时，她刚好在上理财课。她就想，如何才能通过她的努力让大家记住她，并主动来链接她呢？她发现，大家一起上课一定有小伙伴只听课了，根本没记一点笔记，但是课后又想复习讲过的内容，一份有逻辑、并且清晰的笔记恐怕是大家目前最需要的。刚巧她跟 Tobey 助教学习了思维导图，因此，她决定主动为大家分享思维导图课程笔记。

于是，每次课程刚一结束，她都会快速完成思维导图笔记，并将笔记发送到课程群中，方便同学们查看并保存。

就是通过分享笔记，她顺利让理财学习每一阶段的同学迅速认识了她，并主动链接她。她这个不大主动的人，始终保持"不主动"，却认识了很多新朋友。

现在大家都已完成理财课程的学习，可是她和同学间依旧保持联系，还建立了一个微信群，大家依旧每天在一起聊天，好不惬意。通过主动利他，让像她这样闭塞的人，也开启了链接的大门，感受到了链接的快乐。

满足情感需求

除了在别人需要时，提供一些力所能及的帮助外，还要注意那些经常被忽略的情感需求：被关注、被看见、被理解、被鼓励、被表扬、被支持。这些都是世界上的稀缺资源。当你提供给别人时，就能温暖一个人的心，给别人一些特殊的能量，收获一份特殊的友谊。我周围的很多小伙伴，都是在我的鼓励下，大胆向前，一次次完成人生突破的。比如，有一个朋友从前不敢上台演讲，特别紧张害怕，在我一次次鼓励、督促，帮她改演讲稿后，她获得了上台的自信和能量。当她终于突破自己、完成人生第一次上台演讲时，她不仅特别地开心，也会向我表示感谢。

坚持日行一善

日行一善，每天做一些力所能及的小事去帮助别人。比如，公交或地铁上给人让路，给别人指路，帮匆忙的快递小哥按下电梯键之类的。帮助别人，不一定非要富可敌国，去捐助巨款才行。当你没有很多钱财可以布施时，也可以出力去利他助人。

如果你有兴趣，可以读下《了凡四训》这本书，它主要讲了明朝思想家袁了凡通过行善而改变命运的故事。相信会给你很多利他助人方面的启发。稻盛和夫的利他思想也受此思想影响。据说，稻盛和夫看到此书之后，获得了人生顿悟。

足够优秀、做人靠谱、极致利他，就是链接他人的三大核心，能帮你成为一个在人群中更受欢迎的人。

～ 第 5 节 ～
链接他人的四大建议

除此之外，再给大家分享一下链接他人的四大建议。这四大建议，帮你在链接他人时，成功避坑，不那么纠结，更能成为一个链接高手。

1. 输出不是一日之功

前面已经提到过，可以通过线上 / 线下分享和写作的方式，扩大公开象限，让更多人来链接你。

普通人平时可能没有太多线上 / 线下分享的机会，所以可以选择写作这种方式。尤其是性格内向的小伙伴，从写作开始更加合适。

但是，在此想强调一下，关键是要持续输出。只有持续地输出，才能有比较明显的效果。偶尔一次写作，肯定效果不大。

如果你不知道写什么，还是回归到读书。先读书输入，再写作输出读书笔记、书评、思维导图等。

另外，还有一个经常被忽略的帮你链接人脉的地方，就是你的朋友圈。你的优秀需要被看见。平时坚持每天发朋友圈，其实也是在打造你的个人品牌、打造你的"人设"。正所谓"分享即链接"，你一次次发在朋友圈的分享内容，会帮你链接同频的人。

比如，有小伙伴反馈，之前很少发朋友圈，但是，听了格格建议，把看过的书的照片发到朋友圈后，很多年不曾联系的朋友都会找他聊天。甚至，周围的朋友、同事、老板，都在他的影响下看了这本书，这也让他有了小小的成就感。

2. 所有的社交高手，都是给予者

人脉管理的核心是慷慨待人，就是说你要给别人提供价值，当你能给别人提供价值，主动为他人着想的时候，你的人脉关系就不会太差。

所以，在与人交往时，别那么功利。别总想着如何发挥人脉的作用，你更应该想一想，如何提升自己的能力，给他人带去价值，这样才能让更多的人愿意跟你链接。

生活中，多帮助别人，坚持日行一善，相信你的人生会越来越幸福圆满。

比如，这些年，我送书就送出了上千本。开始，我发现有些书我看过一遍，但不会再看第二遍，便把这些书分享给周围同样看书的小伙伴。后来，我有了线上社群，就直接在群里发书的照片送书，谁想认领，我就把书寄给他。现在，我经常遇到喜欢的书就买上许多本，送给周围的小伙伴。我送书本是出于爱书之心，想真诚分享，却也因此意外链接到了很多的小伙伴。

3. 学会用行动表达感谢

积极心理学认为，每天感恩，是一种调整情绪的方法。因此，我想特别强调一点，就是要用你的行动去感恩。中国人似乎天生情感内敛，不擅长表达自己的感谢之情。但我觉得，凡是别人帮助过你，你心存感谢时，都应该用行动表示出来，让别人知道你的感谢之心。

用行动感谢别人，通常有这些方式：请吃饭、发红包、打赏、留言、送礼物、准备小惊喜等。你可以根据对方的喜好选择合适的方式。

4. 和错的人告别

你要承认，有些人可能天生和你气场不合，能轻松引发你的负能量。这时，你不用纠结，果断地从你的微信上"断舍离"掉他吧。

进化心理学家罗宾·邓巴发现，受大脑能力所限，人类所能保持的朋友圈在 150 人左右。因此要果断地去断舍离，把你的时间、精力投入到对的人身上，别在错的人身上浪费时间和能量。

网上曾经有一个段子，叫"圈子改变命运"，是这样说的：接近什么样的人，就会走什么样的路。穷人会教你如何节衣缩食，小人会教你如何坑蒙拐骗，牌友只会催你打牌，酒友只会催你干杯，而成功的人会教你如何成功。

其实限制你发展的往往不是你的智商和学历，而是你的生活圈、工作圈和身边的朋友。人生最大的幸运，不是捡钱，也不是中奖，而是有人愿意花时间指导你、帮助你。所谓的贵人，也并不是直接把钱给你的人，而是开阔你的眼界，提升你的格局，给你正能量的人。

愿你不断升级链接力，加入高能的圈子，开启开挂的人生。

【读书达人故事】

有趣的灵魂，终会因书相逢

作者：蒋芳杰

每个人都知道朋友的重要性。朋友多了路好走。但是，我经常听到很多身边的朋友在面对情感或是工作时，说自己"圈子太小"，难有人脉积累。

保险行业我做了 12 年，人脉的重要性我知之甚深。为了更好地经营客户，我考了不少金融业内的证书，专业上的提升让自己在业务上游刃有余。为了提升客户圈层，我还报了不少管理方面的课程，去开拓高净值客户。但我发现当有机会跟一些企业主和高管交流时，我能谈的除了保险专业就是保险专业，对于客户所在行业和关注的问题并不能侃侃而谈，原本期待的愉悦聊天，最后只剩尴尬，更别提成功开拓客户了。

跟着格格一起读书，对我的帮助非常大。

首先，我自己重拾了阅读习惯。之前，因为忙工作、忙带娃、忙学习，多年的阅读爱好，就那么被生生挤没了。后来，我跟着格格重拾了阅读习惯，不管多忙，我都会坚持每天早起读书，用这段属于自己的时间来充实自己。而且，没想到，在我每天早起读书的过程中，儿子受到影响，也开始跟着一起读书，这让我非常惊喜。

其次，多读书在开拓客户上给了我很大的帮助。之前，我读的书以专业书为主，其他书涉猎不多。跟着格格，我读了很多之前没读过的好书，拓展了认知边界。这样，再与客户交流时，我不再只能尴尬地聊保险，不管是什么，我都知道一些、能聊一聊。

这一方面打开了交流的话题，另一方面也向客户展示了我的博学和专业，有助于赢得客户的信任。客户会觉得，我是一个特别有趣的人，因而愿意与我交往。

最后，我和格格一起升级了朋友圈。因为参加格格的线上社群和线下活动，我认识了很多她身边优秀的人。她的朋友圈人非常多，其中不乏行业大咖、某领域牛人。格格一直鼓励我们通过线上线下进行各种链接。现在，我感觉自己有一个强大的亲友团了。在和书友们的真诚交流中，我从不主动提及业务，只聊读书和学习，但给我惊喜的是大家对我个人和公司的认可，他们中有不少人会主动向我咨询关于保险的事，我也不知不觉间，开发了新客户。

【金 句】

很多时候重要的不是知识，而是切身感受到的力量，靠近厉害的人，你就会慢慢变得厉害，没想法也会变得有想法，小想法会变成大想法。

——经济学家周其仁

【作 业】

链接一个你不太熟悉的优秀小伙伴，对他进行采访。欢迎你在微博写出采访他的心得、收获。

第6章

自信力：
打破观念束缚，让你能量满满

在与许多书友的交流中，我发现一个问题：不管这个书友的社会标签有多么厉害，也许他是 CEO，也许他是企业中的高管，也许他是名校 MBA，但通常他都会在某方面，表现得明显缺乏自信。比如，公司里的 CFO 平时说一不二，但一公开演讲，就开始紧张哆嗦。再比如，公司里的部门经理在工作中指挥若定，你如果让他主动链接他人，他却会不自觉地想要躲起来。

这些从表面看来，这可能是某个力比较弱的表现。但是，仔细分析，你会发现，这都是由于他们自身能量不足。能量高的人，自信阳光，勇敢无畏，他们内心有一种力量在支撑着他们大胆向前。

～ 第1节 ～
打破限制性信念的束缚

自卑的人，通常能量比较低。这样一种低能的状态，把自己的潜能禁锢了起来。他们用内心的"限制性信念"画地为牢。限制性信念是成长路上的最大障碍。

1. 什么是限制性信念

什么是限制性信念？每当我们想到应当去做一些正确的事情，却又做不到时，我们的脑海里就会出现各种各样的理由和借口阻止着我们向前，这些就是限制性信念。

限制性信念，是阻碍人生获得成功和快乐的想法和念头，是限制潜能发挥的障碍物。每当你受到启发想要去追寻梦想时，限制性信念就会出现，提醒你，你不行、你不能、你还不够好等，把你束缚起来。限制性信念会让你停止尝试和创造。

限制性信念主要来源于我们的成长经历。也许是过去的经验，也许是父母教育或学校教育，也许是对失败的恐惧等。限制性信念扎根于大脑中，让你误认为你没有用、没有希望、没有价值。这样，你对自己认可度就越来越低。

比如，很多小伙伴都想养成每天阅读的习惯，羡慕别人每年读 100 本书，却总是说自己没时间、做不到，这就是典型的限制性信念。

曾经，在马戏团里有一只经常被铁链锁着的大象。有一天，马戏团突然失火，这只大象不幸被大火烧死了。后来，人们发现，失火当天这只大象并没有被铁链锁住。这只大象死于自己的限制性信念。

由此可见，限制性信念危害巨大。它不是一生中只出现一次，它会在你的生活中反复出现，像噩梦一样循环往复。

2. 如何打破限制性信念

如果你回顾自己的人生，你会发现自己的某些经历竟然总是相似的。限制性信念影响你的生活，它阻碍你去发现全新的机会，让你丧失尝试的勇气。

那么，怎样打破限制性信念呢？

打破限制性信念的第一步，就是找到它。你可以用笔写下来，以帮助自己进行梳理。通常，那些生活中你不满意的地方，那些让你一直表现不良的消极行为背后，那些让你一直认为是重大挑战的事情背后，都隐藏着限制性信念。

比如，我之前凡是遇到体育类活动都会弃权，仔细梳理之后，我发现，这是因为我从小体育差，总是补考，心里留下了阴影。"我是一个体育特差生"，就是这背后的限制性信念。

在你找出限制性信念以后，就可以一步步去消除它了。关于限制性信念，其实你有能力、有方法随时改变它们。下面的建议可以帮助你成功地克服限制性信念。

保持好奇

狭隘的信念可能是思想封闭的结果。为了打开你的思维，你要学会让好奇心引导你去探索你周围的世界。好奇心也能帮你去了解他人的信念，从而带来触动，引导你去反思自己的生活。一方面，你可以去和不同的小伙伴交流，去感受不同思维的碰撞，另一方面，你也可以去远方旅行，接触不同的文化和生活方式，进而获得思维的启发。

保持好奇，能帮你走出舒适区，你扩展你的思维，挑战你的限制性信念。

每天冥想

为了更好地控制你的思想，可以每天花一些时间来冥想。当你冥想的时候，你可以觉察到你大脑中的那些消极或放弃、退缩的想法。平时，这些想法可能隐藏在你的大脑里，被忙碌掩盖，不易察觉。但是，在你冥想的时候，它们会自动浮现出来。而且，冥想还能帮助你平静你的头脑，并与你的内在自我联系。

通过每天15分钟的冥想练习，积极的信念可以取代消极的信念。甚至，在你意识到之前，你的大脑就会充满积极的信念，帮助你成为最好的自己。

自我提升

如果你想要更好的信念来指导你的思考和选择，你就必须自己努力，去自我提升。这意味着你不能只是空想，更要去行动。在一次次行动中，你会寻找到发展和成长的机会。在一次次行动中，你可以尝试做一些事情来改变你的限制性信念。这时，你需要设定切实可行的目标，这样你才能衡量自己的成长。只有行动，才能打破焦虑、打破你内心的不可能。

同时，写日记也是一种督促自己进步的方式，写日记时与自己对话，更能有效地帮你梳理自己的想法和信念。

积极肯定

积极肯定是帮助提高自尊的一种好方法。你可以尝试用积极的方式和自己对话。你可以写下一份自我肯定，上面写着"我很有价值""我很了不起""我很可爱""我能行"等词，用来鼓励自己。

你也可以用一个笔记本写下你的成功和优势，尤其是生命中那些让你骄傲的时刻。每当你能量低、状态差时，就拿出来看一看，以提醒和鼓励自己。

多读好书

很多小伙伴反馈，在读书的过程中，整个人都觉得精神特别充实，心情特别好，整个人的能量都在提升。这的确是读书的好处之一。另外，你也可以专门去读一些心理学的书或正能量的书，让它们给你能量，指引你在通往自信之路上走得更快。

奖励自己

如果你真的想告别旧的限制性信念，用行动去形成新的信念，那一定要及时奖励自己。在你不断巩固自己新信念的过程中，它会越来越坚固，慢慢地改变你的生活。你可以奖励自己一场电影、一顿大餐、一次旅行、一个小礼物，你会慢慢爱上这种感觉。

有一位书友彭蓓，通过走出自己的小世界、积极自我提升，打破了内心的限制性信念。曾经，她在工作上失意，竞聘护士长失败，一度非常怀疑自己能力不行。偶然间，她参加了一次线下读书活动，这给了她积极的能量。

当时有几位书友在一起分享《穷查理宝典》这本书，其中一位分享人，70多岁的吴阿姨令她触动。看到年过古稀仍在创业路上的吴阿姨，她心生敬佩。吴阿姨不向命运低头的决心深深地影响了她。

后来，她经常参加读书会活动，和积极正能量的小伙伴们在一起读书交流，慢慢打开了自己，找回了自信。

在读书会，她从说话瑟瑟发抖，变得慢慢敢开口说话了。而且，她还把从读书会学到的知识慢慢运用于工作中，在短短的一年里她申请了三项专利，并都申报成功。那些灵感好像是在她的大脑里自己长出来的。她现在想法越来越多，越来越自信。打破限制性信念后，她心中的那颗种子在慢慢长大。

曾经，我认为自己是一个体育特差生，从而放弃了所有体育类活动。但是，有一天，我勇敢地用跑步这件事，打破了这个限制性信念。最终，通过不断地练习，我在一年之内，跑下了六个半程马拉松、一个全程马拉松。打破限制性信念后，我重塑了一个全新的自己。我变得更加勇敢、自信，充满能量。

南非已故前总统曼德拉说："在做一件事情之前总认为有许多不可能，去做了发现有许多的可能。"其实，当你真正去做，你会发现，所有的不可能，可能只存在于你的想象中。

总之，希望你也勇敢向前，大胆打破你内心的限制性信念，释放出你内在的能量，活得自信阳光、充满能量，让你的生命之花绚烂绽放。

～ 第 2 节 ～
开启你的英雄之旅

其实，人这一生，就是一趟"英雄之旅"。当你用英雄之旅的视角来看这一生，你会多一些自信和勇敢，少一些自卑和退缩。

"英雄之旅"是由美国的约瑟夫·坎贝尔提出的，他是美国研究神话的学者。有一段时间，他在世界各地收集神话故事。结果他发现，无论是在非洲的部落、亚洲的寺庙，还是在现代的都市里，流传的英雄故事中的英雄的成长都遵循着同样的模式，坎贝尔将其称为英雄之旅。

英雄之旅，包含了三个必须经历的阶段：启程、启蒙、回归，如图 6-1 所示。于是，他写了一本书，叫《千面英雄》。这三个阶

英雄之旅的三个阶段

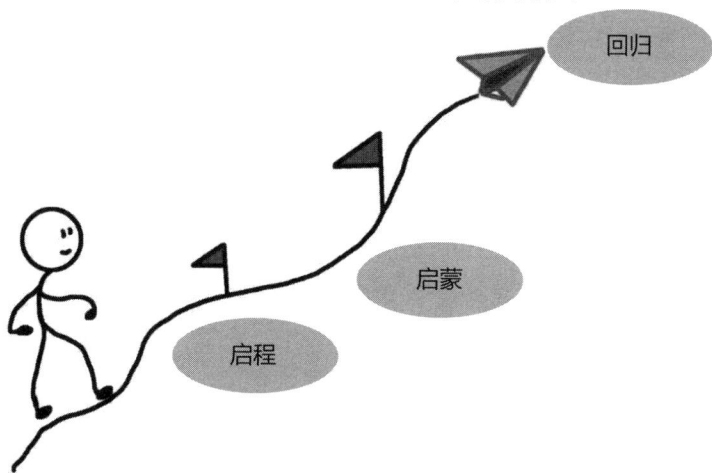

图 6-1 英雄之旅的三个阶段

段，也是我们每个人成长的必经之路。英雄之旅，也是对人生的隐喻，就是一个人从舒适区不断进入成长区，经历磨难、自我突破，从而获得成长、成为英雄的故事。

1. 启程

启程阶段是英雄之旅的第一个阶段，这个阶段的特点是顺应召唤，勇敢上路。

在英雄故事的最开始，英雄会听到一些召唤，这就像我们在疲惫时，偶尔在心里升起的关于改变的念头。

一开始，英雄对这些召唤是陌生的，甚至是排斥的。因为这些召唤挑战了他们对日常生活的假设，也挑战了他们对自己的认知。他们会把这些召唤当作异想天开，想要忘掉他们。英雄犹豫着是否要接受"冒险之旅"的召唤，一方面可能是因为他们觉得自己没有能力去冒险，另一方面可能是他们不想离开自己熟悉的生活。可是，这些召唤总是在心里挥之不去，就好像是一种宿命。

最终，英雄决定不再抗拒召唤，克服自己内心对变化和未知的恐惧，顺应召唤，勇敢上路。

2. 启蒙

启蒙阶段是英雄之旅的第二阶段，这个阶段的特点是勇往直前，战胜自我，是英雄在当下所处的世界中冒险，并获得成长的过程。

这时，一位智者会出现，带给英雄建议和帮助，鼓励他接受挑战。然后，英雄出发了，他离开舒适区，正式踏上未知的征程。一路上，各种考验、朋友和敌人都接踵而至，英雄在新世界获得成长。不久后，英雄知道，最危险的敌人正在接近，他要和新伙伴一起面对。终于，决战到来。英雄要直面强大的敌人和自己内心的恐惧，与敌人展开殊死搏斗。接着，英雄战胜了敌人，挽救了局面，或是成功逃离困境，获得相应的奖励。

在这个过程中，英雄以前的世界消失了，他面对的是一片充满未知、危险和希望的全新领域。英雄走出了心理舒适区，去面对各种困难、挑战、痛苦、危险、未知和不确定性。

英雄原来的思维模式和行为习惯完全派不上用场，他必须学习新的思维模式，形成新的习惯。这个阶段，充满了挣扎、奉献和斗争，可是英雄从中收获的东西也是原先根本无法预料的。英雄会发展出新的自我，学习到新的技能、新的思考方式。最终，英雄会收获信心和智慧。

3. 回归

回归阶段是英雄之旅的第三阶段，这个阶段的特点是完成使命，分享传递。在这个阶段，英雄完成了他的使命，要回到他出发的地方。在归程中他依然会遇到阻碍，但他能顺利突破。最后，英雄满载而归，回归宁静的生活或者准备迎接新的人生篇章。

英雄之旅，就是我们每个人的成长之路。

有些人曾经对我说，格格，你就走完了读书的英雄之旅，现在在第三阶段，"回归"：完成使命，分享传递——我创立了格格读书营，给大家分享读书成长的方法。

如果单从读书这个角度来说，确实如此。

阶段 1：启程

我顺应了俞敏洪老师的召唤，独自勇敢上路，决定要向俞敏洪老师学习，多读书。

阶段 2：启蒙

我从没有读书方法、独自探索，到每年轻松读书 100 多本。并且，在使用各种线上读书产品和参加线下读书活动的过程中，我对读书有了自己独特的想法，并将其付诸实践，让自己实现光速成长。

阶段 3：回归

最终我找到了人生使命——"用读书为成长赋能"，创立格格读书营，想去完成人生使命，分享、传递读书成长方法。

但是，就离职创业来说，现在，我还在第二阶段——"启蒙"。

〜 第 3 节 〜
如何读出自信力

当你决定打破你内心中的限制性信念，开始你的英雄之旅时，你可以从读书入手，完成一路的"打怪升级"，读出你的自信力。

读出自信力，有以下六道关卡，如图 6-2 所示：

如何读出自信力

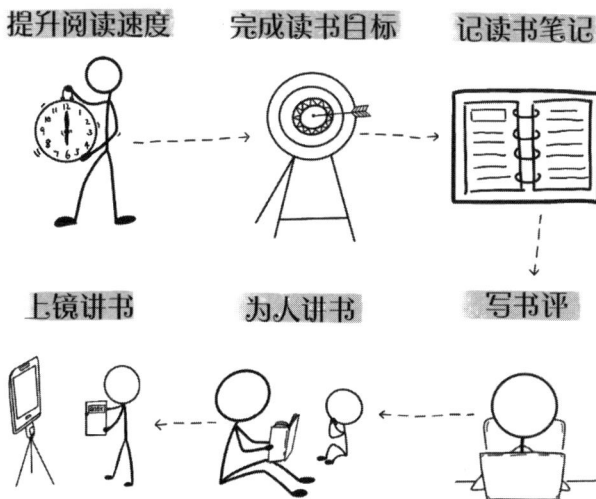

提升阅读速度　　　完成读书目标　　　记读书笔记

上镜讲书　　　　　为人讲书　　　　　写书评

图 6-2　读出自信力的六道关卡

1. 提升阅读速度

这里特指快速阅读。当你用快速阅读法，第一次用 30 分钟的时间读完一本书时，你会觉得特别有成就感。

这种成就感，会成为你阅读路上的巨大助力，促使你继续阅读之路。

2. 完成读书目标

很多人读书时都很随性，从没想过要为读书设立一个目标。你可以先设一个阅读量的年目标，再将其拆解成月目标、周目标。

比如，你计划一年读 52 本书，那就需要每周读完一本。你可以在每周复盘、每月复盘时，反思回顾一下读书目标的完成情况。若及时完成，则奖励自己；若未能完成，则要补上进度，并优化今后的读书过程。

一位书友淳心就是从不读书到一年读书 100 本，用读书的方式突出重围、找到自信的。在这个焦虑的时代，有些人是没有目标的行尸走肉，生活没有方向，工作没有目标，学习没有动力。她也曾是其中的一员，感觉自己脑袋空空，迷茫而焦虑，觉得自己啥都不会，整天无所事事。我问她，2019 年你最有成就的三件事是什么？她当时想了很久却不知道如何回答，最后她只回答了"无"。为了这件事她自责了很久，因为她是一个没有目标、没有自信的人。但是，她真的不甘心，不甘心就这样生活下去，极度想摆脱现状，却找不到有效的方法。所以，我就建议她按我说的方法开始读书。

之前，她几乎不怎么读书，一年也读不了一两本。但是，在 2020 年，她经历了脱胎换骨似的变化。她给自己定的读书目标是阅读 100 本书。这个曾经不可能的梦想，现在她已经实现了。在这个过程，她深深地爱上了读书，而完成年度读书目标，也给了她巨大的自信和能量，她不再自卑、不再迷茫，变成了一个有目标、有理想、有自信的人。

3. 记读书笔记

很少有人在读书后会坚持输出。其实，读书笔记也是重要的成长里程碑。一般而言，用读书笔记模板写完一份读书笔记，会让人特别有成就感，忍不住发到朋友圈。如果你能坚持每周读一本书并写一份读书笔记，相信长期下来，你会收获巨大。

4. 写书评

　　长期坚持写书评，似乎听上去太难了。但是，在掌握方法后，你可以结合自身情况去立一个写书评的小目标，比如，每月为你最喜欢的书写一篇书评。你不需要写很多书评，只要成功写出第一篇书评，就会觉得突破了自己，成就感满满。尤其是当你通过写书评挣到稿费时，你更会觉得自己又多了一项写作技能，更加有职场竞争力，从而更加自信。

5. 为人讲书

　　线上讲书对于没讲过的小伙伴来讲，并不是一件容易的事。关键并不是讲书有多难，而是很多人都会紧张，无法突破内心的屏障。线下讲书更是挑战。所以，那些勇敢讲书的人，都说讲书前和讲书后身处两个不同的世界。讲书前的自己畏缩恐惧，讲书后的自己无比自信，仿佛突然就获得了一种成长的巨大力量。

6. 上镜讲书

　　有人似乎对镜头有畏惧感，有人不好意思上镜，有人一对着镜头就紧张地说不出话。总之，对着镜头讲书，更加充满挑战。

　　你可以先去挑战录制 1 分钟讲书分享，再慢慢挑战直播讲书。在这个过程中，伴随着你的一路晋级，你会越来越自信。

　　书友九斤就是通过上镜讲书，慢慢完成了从一个恐惧社交的"小透明"，到演讲达人的蜕变。最开始时，她非常害怕上台，习惯性地否定自己。一站在舞台上就会紧张到大脑一片空白。"因为我不自信，我从内心深处就觉得我一定不行、做不到。"在这样的状态下，上台演讲的惨状可想而知，她迫切地希望改变自己。

当她尝试了很多方法无果后，最终她选择听从我的建议，从多读书开始入手，因为她发现没有知识支撑的瞎折腾是没用的。从此，她开始每天早起读书、补充知识。

为了解决说话磕巴的问题，她又开始录讲书短视频，从刚开始的忘词、眼神飘忽、舌头打结，到后来的一遍就能轻松录好视频，短短 14 天就见到了奇效，这让她的自信心爆棚。而且，她也开始主动在群内给小伙伴们进行主题分享，赢得了大家的一致认可。

现在的她，自信满满，不再是那个人群中不敢张口说话的"小透明"。在发生意见分歧时，她可以自信地和别人辩论；站在众人面前，她不再紧张，能自如地说出内心想法；面对工作的压力，她也可以坦然面对，有信心解决它，而不是满腹牢骚。

以上就是读书路上的六道关卡，难度由低到高，依次提升。每当你突破一关，你都会觉得更加自信。当你一路通关，从第一道关卡一路"升级打怪"、成功通过第六道关卡后，你会发现原来所有的不可能，只存在于你的想象之中。你会发现，原来你身上无限的潜能，都被释放了出来。你会遇见一个全新的自己，那么自信、自带光芒、能量满满。

自信的人会在不知不觉中改变很多事情，而读书就能给你带来这份独特的自信。伴着读书带给你的自信和能量，相信你能把读书的能量传递给更多人，去点亮别人的生活。

～ 第 4 节 ～
在践行使命中绽放能量

很多人羡慕我正能量满满，像个小太阳一样照耀着大家，给别人带去希望和能量。我想，这是因为我非常幸运，我不仅找到了人生使命，还在践行使命，所以活在一种能量比较高的状态中。

其实，我并不是一个有野心的人。之前，我只想找一份工作，过自己的小日子。

但是，2019 年 8 月，我找到了自己的人生使命后，一切都变了。从此，我离职创业，开启了追寻使命的神奇之旅。

茨威格在《人类群星闪耀时》中说："一个人生命中最大的幸运，莫过于在他的人生中途，还年富力强的时候，发现了自己的使命。"非常感恩，我就是这样一个幸运的人。

1. 使命点燃内心小宇宙

2019 年 7 月，在一次和同学谢娜约饭聊天时，我们不约而同地聊到了使命。李善友教授说，你喜欢的、你擅长的、有意义的事情，就是你的天命所归。

那么，我的使命是什么呢？在谢娜的建议下，我静下心来梳理自己。原来，我身上最大的标签，就是读书。

在一次次梳理中，我越来越明确心之所向。

我喜欢　热爱读书、每年读书 100 多本；在我十年如一日坚持读书背后，是对读书深入骨髓的热爱。在我的个人成长过程中，读书对我的影响最大。因为爱读书，我这个体育特差生，开始跑步，跑下 7 个马拉松。因为爱读书，我这个不会写作的人，开始写作，作品还被收入图书《成为你想看到的改变》中。

我擅长 因为爱读书，5 年来，我一直在利用业余时间做公益读书会。我擅长通过线上、线下的不同形式带领大家一起读书成长。我运营了两个公益读书项目，即格格读书会和混北读书会。

有意义 在我心中，利他助人就是最大的意义，每当有人告诉我，因为认识我而开始读书，光速成长，我就觉得特别地开心。也因此，我才会长期坚持运营公益读书会，利他付出，无怨无悔。

尤其是坚持运营公益读书会这件事，很多人不理解我。在有些人眼里，一个人愿意长期自己出钱、出力、欠人情，去运营不收费的读书会，简直太不可思议了。但是，我却从中成功地找到了我的使命——用读书为他人的成长赋能。

找到使命的那一刻，我特别激动，也终于明白了自己为什么愿意长期坚持运营公益读书会而无怨无悔。原来，这就是使命的力量。每当有人告诉我，他因为认识我而爱上读书，开启能量满满的生活时，我就觉得特别开心。所谓使命，就是能让你不计成本地付出，还一直乐在其中的事。

2. 使命召唤你大胆向前

潘江雪老师说："使命有非常强大的力量。使命不仅能召唤你上路，也能帮你召唤人和资源。"

我发现，一切确实如其所说，使命出现，人生也随之改变。

在找到使命后，我继续梳理自己，找到了这几年加速成长的几个重要节点，即阅读、写作、演讲、链接、复盘。

当时，我有一种强烈的愿望，想把这些经验整理出来，进行对外输出分享，带着更多的人一起成长。

于是，一个付费社群的大体框架，在我脑中初步成形了。

我强烈地感受到，使命在召唤我上路。

于是，我开始试写格格读书营的项目方案。

2019 年 8 月 9 日，修改多次后，我写出了方案初稿。

8 月 14 日，在亲友团冯蕾、海星、土司、宋世明的支持与反馈下，我定下了方案终稿和海报图文案。

8 月 15 日，在亲友团九斤、Amy、Chow 的帮助下，我开始做海报图。

8 月 18 日，我写出宣传文案。

下午 15：00，在朋友圈，我正式宣布，21 天"格格读书成长营"来啦！

8 月 20 日，用 2 天时间，我完成了招生 30 人的小目标。

8 月 21 日，我开始启动备课。

8 月 28 日，格格读书营第 1 期正式开营。

第 1 期读书营，得到了大家的一致认可。10 月 16 日，我从公司离职，全心做读书营，成为自由职业者。

就这样，在使命的召唤下，在亲友团的大力支持下，我这样一个没有野心的人，勇敢地开始了做付费社群的创业之路。

使命帮你找到你内在的激情、力量，点燃你内在强大的生命力。你会感受到你内在的力量喷涌而出，你会变得无所畏惧。

3. 使命帮你召唤人和资源

在使命召唤我上路后，想要的人和资源也神奇地来到我身边！

知识付费行业竞争激烈。想做一期容易，难的是持续做下去。

到底该如何做，我其实无从下手。

幸运的是，从我做读书营开始，一路一直有贵人相助。不然，我这样一个"小白"选手，根本不可能把读书营做满 1 年。

2019 年 11 月，我参加了混沌大学的创新训练营。领教、助教和同学们一起帮我打磨项目、出谋划策。

12 月，弗兰克告诉我，在上海，有一场知识付费闭门会，对我做读书营有帮助。于是，我从北京跑到上海，只为听一场 1 天学费 2800 元的线下课。

巧的是，就是在那场闭门会上，我见到了秋叶大叔。我被他的才华折服，毅然报名加入了秋叶 IP 营，从此跟随他学习。

2020 年 1 月，我分别和 IP 营的小钱老师、小桃老师约饭，得到了他们的宝贵建议。在他们的指导下，2020 年 5 月，我研发出新产品——格格读书行动营 60 天营。

6 月，我又研发出新产品——7 天快速阅读营。同时，还有幸参加了朱丹老师的线下使命课，更加坚定了前行的方向。

7 月，读书营同学郑丽主动帮我设计、制作了一系列的文创产品，提前实现了我的文创产品计划。

感恩遇见这些出现在我生命中的贵人，给我各种无私的支持和帮助。

脱不花老师曾经分享过一个"好命定律"。她说：

人生总有些时刻，你会觉得"哇，我怎么这么好命，想什么来什么！"别犹豫，立即 All in，这不是命运的安排，这是成功的信号。如果你在努力过程中，不断有需要的资源意外地汇聚，说明这件事做对了。

我做读书营的过程，就是这样一个好运不断的过程。

感恩遇见生命中的贵人们。

我已经体验到使命的神奇力量。在找到使命之后，你会处在一种非常高能的状态，宇宙中似乎有一种力量在推着你向前。很多不可思议的同频性事件会在你身上发生，你心想事成的事越来越多，无数的资源都会涌向你。如果这个世界上真有成功的捷径，那也许就是活在使命的状态中。

书友鞠宜汐被我的使命感所感染，也去探寻她的使命。使命正是一直都在打拼却没有真正扎根定位的她所需要的。后来，她重新思考定位，决定聚焦于她个人在声音方面的优势。两个月后，她找到了三位志同道合的伙伴一起合作，打造属于自己的儿童成长训练营，去践行助力孩子清晰自信表达的使命。训练营得到了老师和家长的正面反馈，也给了她继续坚定前行的动力。

找到使命后，你会觉得仿佛一道光照进你的生活。

那么，应该如何寻找使命呢？方法如下：

第一步　自行梳理

你可以选择一个安静的不被打破的空间，用几张 A4 纸和笔，用手写的方式来梳理你的使命。使命，就是你喜欢、你擅长、有意义，三者交集之处的事情。因此，你需要对三者分别进行梳理。以下问题，可以帮你更好地认识自己。

梳理什么是"你喜欢"的：

小时候喜欢做的事情是什么？

经常被他人赞美的事情是什么？

平常会因为什么而感到快乐？

常花费时间与金钱做的事是什么？

你心中的榜样是谁？他们在做什么？

如果不考虑钱，你最想做啥？

梳理什么是"你擅长"的：

写下人生中的重要事情（成功和失败）。

写下这些事情背后的特质。

梳理什么是"有意义"的：

在你心中，做什么事最有意义？

每个人对问题的答案都不同，你的答案也是你的独特之处。

第二步　咨询朋友

有些时候，我们可能对这三个问题的答案不是特别明确，正所谓"当局者迷，旁观者清"。那么，你可以发动亲友团，把问题写好，发给他们，再去收集答案。在亲友团的答案中，你也许会发现一个不一样的你。

第三步　职业测试

有一些职业测试，也可以帮你去充分认知自我，比如著名的霍兰德职业兴趣测试。霍兰德职业兴趣测试是由美国职业指导专家霍兰德根据他本人大量的职业咨询经验及其职业类型理论编制的测评工具。霍兰德认为，个人职业兴趣特性与职业之间应有一种内在的对应关系。根据兴趣的不同，人格可分为研究型（I）、艺术型（A）、社会型（S）、企业型（E）、传统型（C）、现实型

（R）六个维度，每个人的性格都是这六个维度的不同程度的组合。通过测试，你能明确自己属于哪种类型。

第四步　专业咨询

有些小伙伴可能问题比较多，为了得到专业的建议，你可以找职业生涯规划师提供专业的指导与帮助。

通常，通过以上四步，你可以找到使命，不再迷茫。

那么，找到使命之后，是不是都要像我一样，去离职创业呢？答案当然是否定的。我的建议是，当你找到使命之后，也不要盲目而行，最稳妥的做法，是进行"低风险创业"，这是樊登老师在他的书《低风险创业》中所提出的概念。樊登老师认为，一直以来我们可能误解了创业这件事，也被高风险带来高收益的"常识"所误导。大家常假设创业是一件高风险的事情，但事实上，成功的企业家不是善于冒风险，而是善于控制风险。所以，创业不是一胜九败，也不是长期在焦虑中度过，创业可以先胜而后求战。创业是一门手艺，如果一开始我们就掌握相关技术、原则和方法，并且通过大量的刻意练习，成为专业人士，就能大大降低风险。

我建议你先利用业余时间去践行使命，进行探索。当项目经市场验证确实效果不错时，再离职创业。当时，我就是这么进行的。如果项目一开始失败，我肯定也不会离职创业。这样才能有效规避风险。

而且，就算你找到使命，也不一定非要创业。利用业余时间，以爱好的方式去完成使命，也是一种美好的生活方式。很多人充分利用业余时间去践行使命，也把生活过得活色生香、有滋有味。

真正阻挡你实现使命的并不是遥不可及的愿望，而是你从来没有去想过如何实现它，只是陷在自己设置的"不可能"的意识里。即使最终使命没能实现，但只要大步向前，就会有未知的惊喜在等你，就会遇见一个更好的自己。

总之，我希望你也大胆向前、勇敢尝试，去探索你的使命，活出非凡自己，不负此生好时光。

第5节
增强自信力小建议

当然，并不是非要通过读书才能增强自信力。关于在日常生活中，如何增强自信力、提升能量，给大家四点小建议。

1. 踏出舒适区，做"第一次宝宝"

有很多小伙伴都在我"小皮鞭"的挥舞下，跳出了舒适区，完成了许多个第一次，成为"第一次宝宝"。

第一次30分钟读完一本、第一次直播讲书、第一次做思维导图、第一次采访他人、第一次录短视频、第一次作为优秀学员参加线下表彰大会、第一次做主持人……

在一次次第一次的自我突破中，大家变得越来越自信。这种自信也延伸到生活中、工作中，连周围的朋友都会感受到他们的惊人变化。

当没人逼你去踏出舒适区时，你就要主动地踏出舒适区。你可以想一想，你有什么一直想做却没去做的事？此刻，也许正是你勇敢迈出第一步的开始。因为，有时候，你不逼一下自己，就不知道自己有多优秀。

2. 列出你的能量补给清单

你也可以写出你的能量补给清单，在你状态比较差、能量比较低时，来给自己补充能量。我常用的能量补给方法包括：跑步、瑜伽、冥想、抄经、听音乐、看电影、做公益、与好友聊天、参加高能线下活动等。

每个人都有自己独特的能量补给方法。有人可能是大吃一顿，有人可能是大声唱歌，有人可能是大哭一场。那么，什么是你的能量补给方法呢？赶快拿出笔列出来吧。

3. 写感恩日记，记录每天感恩的 5 件事

每天晚上睡前，写出你感恩的 5 件事，这就是传说中的感恩日记。写感恩日记，是积极心理学中一直提倡的调节情绪和增强能量的方法。

对美好的事物没有感觉是人生的悲哀。最开始，你可能对日常生活中发生的美好事情没有感觉。但随着你每天写感恩日记，你会对生活中发生的美好充满感恩。对生命中发生的不顺利、困难，也不再对抗和逃避。因为其中孕育着智慧和力量。对美好的事物感恩，大多数人都容易做到。在困难中不对抗，会节省很多内耗。而能够感恩一切困难，就有了真正的力量和自由！

Amy 已经坚持写感恩日记 400 多天了。自从她开始写感恩日

记，她不仅心情变好，而且运气都好了。你是否也要试一下呢？

4. 成长之美在于破界创新

"破界创新"是一个思维模型，也是一种思维方式，它来自李善友教授的书《第二曲线创新》。所谓"破界"，不是破外在现实的边界，而是破内在认知的边界。人与人之间最大的差别在于认知。所谓成长，就是认知升级。你的认知边界，就是你成长的边界。"破"隐含假设，是破界创新中最难的一步，因为很多人身在一个系统中却不自知。你需要跳出这个系统，才能看到这个系统的边界，从而打破它。打破旧的隐含假设后，你要再确立一个新的假设，从而构建一个新的系统。

运用"破界创新"这个思维模型，我打破了过去"挣钱谋生"的认知边界，建立起了一个全新的"践行使命"的系统。因为破界创新，我实现了从普通员工到自由职业者的华丽转身，把爱好变职业，成为许多人羡慕的对象。在这个过程中，更重要的是自己能力的全面升级。我不再局限于过去狭小的天地，来到了一个更大的世界，打开了人生更多的可能。

总之，人的一生是不断变化发展的过程。用变化的视角来看，自我发展是通过对自我的打碎和重构，从旧阶段过渡到新阶段的过程。新的自我，在一个个转变的过程中不断成长，逐渐变得丰富起来，变得更加坚定、更加自信、更加无所畏惧。

如果打破心智和思维的限制，就会有灵感流淌，就会走入一个全新的美妙世界。我特别喜欢一句话："鸡蛋从外面打破是食物，从里面打破却是生命。人生从外打破，是压力，从内打破，是成长。"

愿你打破内心的限制性信念，完成你自己的英雄之旅。愿你早日找到你的使命，心中有火，眼里有光。愿你打破过去的自己，在打碎中去突破自己，超越自己，实现重生，去获得新的生机和希望。愿你用读书绽放你的生命之花，活出你的自信满满，活出你的高光时刻。愿你探索出你内在的力量，成就你非凡的人生。

【读书达人故事】

从恐惧社交到演讲达人，我的蜕变之路

作者：小培

我是小培，一名科技工作者，典型的工科女生，总觉得自己什么也不会，还很无趣。我性格内向，有轻微的"社交恐惧症"，还有点儿自卑型人格。我经常徘徊在自卑与自傲之间。在陌生的环境中，我特别不愿意表达自己的想法。因此，我一直很羡慕那些散发着自信的强大气场的人，想要成为自信的人。

2019年3月底，我加入了混沌大学，通过混沌大学的官方公众号看到了读书会的活动。我本身比较喜欢看书，就报名参加了，有点儿轻度"社交恐惧症"的我，最开始也是踩着时间点而来，默默地坐在最后，躲在角落听着大家的分享，听完就跑，从来没有产生过要和谁链接的想法，也没想过自己去分享。

一次，我看到一位同学做分享。她说话磕磕巴巴的，一度哽咽着说不出话来，但是，格格老师及台下同学不断地给予鼓励的掌声。我内心升起了这样的念头："这样也可以分享啊，那我也可以吧，再坏也不过如此吧。格格老师打造了一个这么好的学习环境，给大家不断试错、不断成长的机会，我不能错过呀。"从此，

我走上了自我改变之路。

我迈出的第一步，便是加入了格格读书营。在我暗下决心改变之后，便看到了格格老师打算做读书营的计划：阅读输入—内化写作—演讲锻炼—链接转化—迭代复盘。我心里暗暗窃喜，这不是为我量身定做的嘛。本是抱着试一试的态度参加了，没想到竟会对我产生如此深远的影响。

参加读书营后，我"解锁"了很多能力，阅读力、链接力、演讲力、复盘力等。我有了很多第一次的体验：第一次分享、第一次录小视频、第一次写书评、第一次复盘。我破除了很多限制性信念，经常会经历"哇，原来我也可以"的时刻，慢慢整个人也自信起来了。

我是典型的工科女生，学生时代作文一直不及格，所以一直觉得自己不会写作，参加了这个读书营之后，我发现原来我也是可以写作的，我只是不敢去尝试，很多时候，我们无法全力以赴，都是源于害怕失败，以及失败带来的自信受损，所以干脆给自己扣个帽子，就仿佛有了挡箭牌一样。我过去总强调自己是工科女，就是暗示自己工科女不会写作很正常，不需要去努力，也就不用担心可能会出现的失败的结局。

在格格老师的鞭策下，我不但写出来好多篇文章，还有一篇获得了"最佳写作力"奖，并被格格老师收录到她的公众号中，非常受鼓舞。

前段时间单位中层竞聘，我也积极报名了，若是以前我可能根本不会去想参与，在我的竞聘过程中，领导说我简直像小宇宙爆发了，整个人都处于一种发光的状态，没想到我原来这么能说，是个演讲好苗子，虽然没有竞聘成功，但也让领导和自己看到了自己的另一面，最重要的是得到了一次千金难换的宝贵的成功体验。收获到正反馈，让我增强了自信心。现在参加很多活动，我都积极地第一个冲出去分享自己的收获。

一个人要获得真正的自信，一定要有"被讨厌的勇气"。我们缺乏自信的根源，在于我们将构筑自信的权力放在了他人的手中，过度依赖别人给予我们认可。建立自信其实是一件你能够独立完成的事情。可以从独立完成一个作品、阅读完一本书或是一次分享开始，慢慢地建立正反馈，获得成功体验，改变自己的信念。

愿我们都自信地能活出独一无二的自己。相信自己吧，你将重新认识你自己。

最后的最后，一句话共勉，你一定要很努力，但千万别着急。

【金　句】

用读书提升你的能量，绽放你的生命之花。

【作　业】

请挑战自己，做一件你之前一直想做却没做的事。欢迎你在微博写出挑战心得。

第 7 章

践行力：
知行合一，打造竞争力

知道到做到之间，可能是世界上最遥远的距离。因此，可能你读了很多本书，学习了很多线上或线下课程，懂了很多道理，却依然过不好这一生。大到"知行合一"，小到坚持每天读书，都不是一件容易的事。只有真正做到极致践行的人，才会让改变看得见。很多人一生平庸，往往也是输在了践行力不足上。那么，这一章，就聊一聊如何提高践行力。

～第1节～
三招拆解，提升执行力

周岭老师在《认知觉醒：开启自我改变的原动力》中，提出一个"成长权重比"的概念，我特别认同。对于学习成长而言，成长权重比揭示了"学习、思考、行动和改变"在成长过程中的关系：从权重上看，行动之后的改变＞思考之后的行动＞学习之后的思考＞学习。但是，很多人只是盲目地加大学习量，多读书、多听课，努力到感动自己，却没有发生什么改变，这其实是在假装努力。有效地读书学习，关键是要去行动，从而让改变发生。

这也是很多人在读书后，依然没有什么变化的原因所在。很多人之前从没想过在读书后要写"践行清单"。在听了我的建议后，才开始想到要去写"践行清单"，去践行，从而让改变发生。但是，有些人即使写了"践行清单"，也没有执行到位。

总结一下，这主要是由三大原因造成的——

原因1：为了完成打卡，随手一写。

原因2：想要改变，但是拖延症严重。

原因3：想要改变，但目标制定不科学。

下面，针对以上三大原因，分别给出具体的行动建议。

1. 不要偏离初心，为了写而去写

有些人为了完成"践行清单"而去写，似乎写完之后，发个朋友圈晒一下，就完成了任务。这一开始就偏离了初心。甚至，有些人是为了完成我留的作业，被我"逼"着去写"践行清单"

的。写完之后，就不再践行了。

对于文艺类书，比如小说、散文、诗歌之类，你可以不写践行清单。但如果是实用类书，强烈建议你在读完之后，认真想一想，你读完这本书，你到底要去做点什么才能让改变看得见？不管有没有人对你提出要求、给你留作业，如果你在读完书之后，生活没有任何的改变，这次读书就变成了一场无效阅读，没有将这本书的功效发挥出来。

在你写"践行清单"后，关于如何践行，有两点建议：

学会聚焦，一书一条清单事项

一个人的时间和精力有限。一本书再好，通常，你也不可能写出有 100 条事项的践行清单来。如果你每读完一本书，就去践行一条清单事项的话，那一年下来，也会发生巨大的变化。放弃你的贪心，学会聚焦，才会有效果。对于个人成长而言，最有效的方式，不是同时进行多件事，而是一段时间内聚焦一件事。一件事解锁之后，再去解锁下一件事，这才是成长的正确方式。有一本书叫《最重要的事只有一件》，讲的也是这个道理。

学会减法，一月一行动

建议你可以在每月月底复习读书笔记时，从你本月读过的几本书中，锁定一项你最想去践行的"行动"，以聚焦目标。然后，用下个月一整月的时间，践行这个行动，试试效果如何，再不断优化你的行动。这样去践行才更可行。

比如，你在月底复盘时，发现本月读书时，写出了许多条践行清单内容，包括：每天冥想，学思维导图做读书笔记，每天早

起，每天写金句等。那你可以选择你最想做的一条，如冥想，在
下月去践行体验一下。

光读书并没有用。我一直提倡，通过读书 & 行动来迭代自
己，只有行动才能让改变看得见。

书友凤凰万小点在听了我的建议后，终于找到了"读出书中
黄金屋"的秘诀——践行。她说，"书中自有黄金屋，书中自有颜
如玉"，从小听到大，父母用这句话来激励她，老师用这句话来教
导她，因此她对这句话深信不疑，但慢慢地，她怀疑起这句话的
真实性来，因为她读的书好像并没有改变她的生活。后来，她听
从我的建议去践行，终于找到了困扰已久的问题的答案。现在每
看一本书，她都会写践行清单，往往一本书看下来会记录 2～3 个
践行清单事项。最后她会根据践行清单记录筛选一些价值较高的
行动方案坚持践行。在读完《晨间日记的奇迹》这本书后，她受
作者启发养成了早起的习惯，并且在每天早上 6 点半到 7 点半这
一小时里，回顾前一天的事情，并写下心得体会，安排当天的工
作计划和学习计划，把时间管理得高效又高能。

人们常常歌颂读书的力量，其实，读书的力量中的"力"指
的是执行力，通过读书带来行动的力量是伟大的。知道到做到之
间是世界上最遥远的距离。而跨越这鸿沟的方法就是践行，把你
知道的、想到的都努力实践出来。哪怕你只坚持践行一条，你的
生活也会发生变化，你的人生或将因此而精彩丰富起来。

2. 战胜拖延症，先行动再完美

有些小伙伴，想要积极改变自己。但是，拖延症严重，最后

就把行动力就给拖没了。通常，导致拖延有五大因素。

不自信

特别自卑，对自己取得成功的能力缺乏自信，从而迟迟不愿付诸行动。比如，在线下即兴发言的场合，好多人都会恐惧发言，担心现场高手如云，自己说错话会丢人、被人耻笑等。

不勇敢

还没开始，就想象过程中会遭遇很多困难，结局可能也会很惨，有一种畏难情绪。尤其是面对新事物的时候，可能会习惯性地退缩，习惯待在舒适区。比如，很多人在面对讲书分享时，通常会有这种心理，觉得太难，干脆主动选择放弃。

不紧急

由于做某些事的回报不是当下反馈，似乎遥不可及，所以感觉不到这对自己有什么意义。比如，大家都知道锻炼身体，但好像不锻炼的话，当下也没有什么特别恶劣的影响，因而一直拖延。

不自律

难以自我约束，可能容易冲动或分心。最常见的，就是容易被手机诱惑。比如，想好了晚上睡前要看书一小时，结果一玩手机，一晚上的时间就不知不觉过去了，连一页书也没看完。

求完美

很多人担心被他人评判，害怕自己的不足被发现，害怕付出最大的努力还是做得不够好，害怕达不到要求。其实，这都是他们的完美主义心理在作祟。他们的担心反映了一种恐惧失败的心理。这时，拖延是他们应付这种恐惧的一个心理策略。

结果，拖着拖着，很可能就把想做的事情给拖没了。所谓践行清单，也只是随便想想、随便一写。

对于因不自信、不勇敢、求完美而拖延的小伙伴，建议你树立"成长心态"，勇敢去改变。心理学家把人的心态分为两种，即"固定心态"和"成长心态"。

拥有"固定心态"的人，认为智力与才能是与生俱来的，是固定不变的。每一次表现，都被看成是对他能力的一次定论性衡量，失败令他感到危险。拖延从可能导致失败的风险中将人们保护起来。

拥有"成长心态"的人，认为能力是可以发展的。通过努力，你可以随着时间推移而变得更聪明、更优秀。失败是一个让你加倍努力的理由，而不是一个让你退缩、放弃和拖延的理由。

如果你将自己的固定心态转化为成长心态，那么，你或许会以全新的眼光看待不完美。树立成长心态，勇敢去改变。只要向前，哪怕失败，也是一种收获。

对于因不紧急而拖延的小伙伴，建议你重新审核一下事情的性质，这世上不是只有紧急的事情才值得你去做。世界上的一切美好，都是由重要不紧急的事情组成的，这些事通常都需要一段时间后才能体现它的美好。比如，锻炼身体、坚持读书、每天早起等。

对于因不自律而拖延的小伙伴，建议你加强自律，从拒绝手机的诱惑开始。最简单的方法，就是在你读书时，把手机静音放到另一个房间，而不是放在眼前。

大家普遍有一个误区，工作中领导给出的任务，你即使多么不情愿，都会在期限前不眠不休完成。而你自己给自己的任务，比如一周进行 1~2 次的运动，却一次又一次的被压在箱底。人活一辈子，应该是为自己而活的，但我们总是重视了别人给的任务，却对自己给的任务视而不见，换一种说法就是对自己的不重视。因此，我们要重视自己的决定，并且把自己的决定贯彻到底，无论最终结果是好是坏，对自己而言必然是一次成长。

有一位书友嘉运 KK 受我的影响，从拖延症患者成为超级行动派，可以说一路成长，惊喜无限。之前，在朋友们的眼中，她一直是一个自由散漫的人，而现在，她正在一点一点进步、蜕变，成为一个大家心中超级自律的学霸。她说，想提升践行力，你就要把想到和做到之间的时间缩短。比如，当时她想录制一分钟讲书视频，晚上关灯睡觉后，突然脑子灵光一闪闪出了几个重点，然后她马上爬起来打开电脑，把文稿写了下来，花了半小时。如果她没有马上起来写下来，也许第二天醒来已经忘记了这几个点。第二天，她化了一点妆，坐在车上，抽出时间把脚本文稿默念几遍，就赶紧把视频录了。录完后，又立刻把视频的字幕添上，整个过程一气呵成，半小时搞定。所以，想提升践行力，你就要像嘉运 KK 一样，不能等，想到就赶紧去做，别给自己拖延的机会。

强大的行动力，也会给你内心带来一种自信感、满足感，与坚定前行的动力，并且在大家的认可与鼓励中，你更能坚持下去、持续践行。愿你告别拖延，从此用强大的执行力迎接未来更好的自己。

3. 制定科学的目标，关注可行性

有些小伙伴没能将计划执行到底，是因为目标制定不科学。想在持续践行的路上坚定前行，你还需要有可操作性目标与可行性计划，这是计划执行到底的重要保证。

什么是可操作性目标?

通常来讲，一个可操作性目标，有以下四大特征：

可衡量性 你必须用行动来定义它，把目标量化。比如，一年读完 52 本书。

具体性 为达成目标，你究竟要做什么？你具体会在什么时候去做它？比如，你计划每天早晨 6 点，在书桌前读书 1 小时。

可拆解性 你的目标可以被分解成几个小的、明确的步骤。你就可以得到一系列可以来完成的小目标。比如，一年读完 52 本书，拆解一下，就是 1 周读完 1 本书。根据你每周要读的书，你就可以拆解出每大娄读多少页。

有截止时间 只有在有截止时间时，人们才会有紧迫感。工作中，截止时间通常是领导给你定的。但是，在个人成长的路上，你需要给自己设定截止时间。比如，计划每周读完 1 本书，那么，如果没读完，是不是应该补上进度呢？只有做一个对自己有要求的人，你才会不断地进步。

最后，提醒一下，你最好以"月"为时间单位去制定目标、做计划，每月锁定一个目标。设太多的目标，执行效果肯定不好，这就是所谓的贪多嚼不烂。在锁定你的"月"目标后，你再以"周"为时间单位去执行，再通过周复盘、月复盘，去不断迭代优化你的行动。

如何制订可行性计划

在你有了可操作性目标后，还需要一个可行性计划，为你的践行力保驾护航。这时，你就是自己学习成长路上的项目经理。用项目管理思维来看待个人成长，才能让成长看得见。在计划执行时，有以下注意事项：

目标 这里强调一下，请只选定一个目标。人们往往太贪心，高估了自己的执行力，最后一个目标都实现不了。

比如，你最近想养成读书的习惯，那就重点攻克这一项。不要想着早起、读书、跑步几项同时挑战，那样往往会加大失败率。等一项搞定后，再进行下一项，成功率往往更高。

启动 计划执行过程，特别考验一个人的时间管理能力。为了把计划坚定地执行下去，你需要：明确你执行的时间、地点，比如，晚上睡前读书 1 小时；坚守你执行的最小时间期限，比如，读书时至少读一个读书番茄钟，即 20 分钟的时间；学会利用你的碎片时间，比如，利用你的通勤时间在地铁上看书；守住你的黄金时间，找到你精力最好的时间——很多人是早上——去做重要不紧急的事，比如，读书、学习等；同时，对浪费你的时间的事坚决说不，比如，读书时一定要远离手机。

跟进 在计划进行中，你就是自己学习成长的项目经理，要及时跟进。小心你的借口，比如，困了、累了。有时，你一软弱，就会前功尽弃，被打回原形，要做一个对自己有要求的人。在取得进步时，你要及时奖赏自己。在因为意外而影响计划如期进行时，你也要及时地补上进度。当你在执行过程中，发现事情比预计要花的时间多时，你需要灵活对待你的目标、调整你的计划。

复盘　如果你一直匆匆前行，不停下来反思一下自己，就没法优化你的计划和行动。高手都有每天复盘的习惯，但你一开始可能很难形成每天复盘反思的习惯。因此，建议你从最简单的事情开始做起。比如，一开始，你可以通过月复盘、周复盘，来迭代自己、优化行动，让计划顺利执行。慢慢地，再过渡到每天复盘。

～ 第2节 ～
四大方法，给意志力充电

很多人可以通过制定目标和做计划，让事情有一个良好的开始。但往往三分钟热度，坚持不下去，这就是传说中的"间歇性踌躇满志，持续性混吃等死"。其实，这都是意志力不足的表现。你是不是也深有同感、觉得自己没毅力呢？其实，你不用自责，因为，你并不孤单。

1. 别自责，缺乏意志力是人之常情

很多人都认为，缺乏意志力是他们完成目标的最大绊脚石，他们让自己和他人失望了，因此内心充满愧疚。事实是，大多数人都觉得自己意志力薄弱，自控只是一时的行为，没毅力是人生

的常态。

你是不是经常觉得大脑中的两个自我在打架呢？一个自我任意妄为，想要及时行乐，另一个自我则克服冲动、深谋远虑。我们总是在两者之间摇摆不定。当两个自我发生分歧的时候，总有一方会击败另一方。其实，决定放弃的一方并没有做错，只是双方觉得重要的东西不同而已。

对意志力的挑战，就是两个自我的对抗。从原始社会开始，人类的大脑不断进化，那个任意妄为、及时行乐的自我最先出现，一出现就占据了有利位置，无比强势。然后，大脑才慢慢进化出了那个克服冲动、深谋远虑的自我，它先天就缺乏优势、力量不足。因此，如果你觉得自己缺乏毅力，经常贪图享乐，好逸恶劳，也不用过分地自责。

另外，很多人可能不知道一个重要的事实，即意志力会衰退。一个人的意志力是有限的资源。研究发现，人们早晨的意志力最强。然后，意志力就会随着时间的推移而逐渐减弱。打个比方，你的意志力就像肌肉一样有极限。它被使用之后，也会渐渐疲惫。如果你不让肌肉休息，你就会失去力量，就像运动员把自己逼到筋疲力尽一样。所以，你最好早起，好把你的意志力用在刀刃上。这也是很多人选择早起的重要原因。

2. 别放弃，提升意志力有方法

在你了解了意志力和大脑的特点后，可以通过调整身心状态给意志力充电，从而提升意志力。除了现在大家常用的不完成任务罚发红包或不退还押金之类的社群玩法外，这里再提供给你给意志力充电的四大方法，如图 7-1 所示，希望对你有用。

给意志力充电的四大方法

图 7-1　给意志力充电的四大方法

方法 1：运动

运动能让人身体充满活力，并增强自控力。很多人会说，我太忙了，根本没有时间运动。别担心，研究表明，改善心情、缓解压力最有效的锻炼是每次 5 分钟，而不是每次几小时。建议你选择适合你的运动方式，这样更容易坚持下去。可选择最简单的方法，比如，用爬楼梯替代坐电梯，这样就能轻松完成每天的运动小目标。如果你对运动的神奇效果有兴趣，建议你看一下《运动改造大脑》这本书，里面有详细的说明。

方法 2：睡眠

睡眠也和意志力有关吗？是的，如果你每天睡眠不足 6 小时，那通常很难再有意志力去做什么有挑战的事了。如果你的睡眠不足，整个人都昏昏沉沉、不在状态，就别再奢求什么意志力了。所以，想做一个有意志力的人，从每天睡足 8 小时开始。

方法 3：冥想

包括乔布斯、比尔·盖茨、尤瓦尔·赫拉利在内的很多杰出人士，都非常推崇冥想。忙碌的生活中，你可以用冥想把自己与浮躁隔离。尝试着把注意力集中在呼吸上，长期坚持能让人身心状态更好、精力更专注、情绪更平和。你是不是还是觉得太忙、没时间？没关系，可以从每天冥想 5 分钟开始，慢慢过渡到每天 15 分钟，甚至更长时间。长期坚持下来，效果神奇。

方法 4：吃糖

注意，这里不是一个打印错误，你也没有看错，是吃糖。这主要是因为，意志力会消耗你身体的能量，而能量的消耗又削弱了你的意志力。试验证明，提高血糖含量能让人们恢复意志力。所以，在你意志力不足时，吃块糖就能帮你恢复意志力。工作加班时，给自己准备一些零食，也能帮你补充能量，提升意志力。

希望以上四大方法对你有用，能为你的意志力充电。

～ 第 3 节 ～
相信习惯的惊人力量

在你解锁了意志力之后，面对的就是终极挑战，即如何让这种行为成为你的习惯，这就是关于习惯养成的问题。

好习惯使时间成为你的朋友，坏习惯使时间成为你的敌人。

习惯是自我提高的复利。复利效应显示了价值积累的普遍规律：前期增长非常缓慢，但到达一个拐点后会增长迅速。爱因斯坦说复利威力巨大，堪称世界的第八大奇迹。不过，要想获得这种力量，我们需要冷静面对并在增长缓慢的时期坚持到拐点的到来。在一两天的时间里，你可能觉不出任何不同。但是，在过了两年、五年或者十年后再回顾时，你会发现，好习惯对你的生活产生了巨大的影响。

这也是很多人在习惯养成过程中，通常会失败的原因。因为，有相当长的时间你是感受不到习惯的影响的。直到某一天，你才会猛然意识到习惯的惊人力量。

其实，在习惯养成的早期和中期，通常会有一个不如意的低谷区。你期望看到立竿见影的效果，但在最初时，几乎看不到任何明显的变化。你觉得一切都在白费功夫，想要放弃。但是，当你咬牙坚持过去、突破这个低谷区后，你就会迎来厚积薄发。

要想实现有意义的改变，需要坚持足够长的时间，你需要做一个有耐心的人，给好习惯的形成足够的时间，也给自己成长的时间。你要相信，所有的付出和努力，时间会给你丰厚的回报和意外的惊喜。

1. 养成好习惯的四大定律

根据美国著名习惯研究专家詹姆斯·克利尔的《掌握习惯》这本书，想要养成习惯有四大定律。很多人看过这本书后，只是一笑而过，生活并没有发生什么改变。现在，我结合养成读书习惯这件事，拆解一下四大定律，希望对你有帮助。

定律 1：让它显而易见

你可以采用以下三种方法，让你想养成的习惯变得显而易见。

执行意图　通俗来讲，就是你打算如何实施一个特定习惯。有一个公式：我将在【时间】和【地点】做【事】。

比如，我每天中午吃饭后，会在家中录一个短视频并剪辑发布。2020 年 9 月，我立了日更视频号 100 天的小目标。为了完成这个小目标，我就需要明确时间和地点。时间选在中午，因为我经过不断测试发现午后阳光照到我的房间里，光线效果最好，最有利于录视频。地点选在家中，是为了确保环境安静，录出的视频没有杂音。现在，我还在坚持日更视频号。并没觉得有多难，只是在明确了时间、地点和要做的事后，将它纳入生活中而已。当然，如果第二天会外出，中午不在家中，我会提前多录制一个视频，第二天中午编辑发布，以此保证习惯的持续。

习惯叠加　解释一下，就是先确定你已有的某个习惯，再把一个新的习惯叠加在上面。有一个公式：继【当前习惯】之后，我将培养【新习惯】。

比如，我把"听课"这个新习惯，和"洗漱"这个当前习惯叠加在一起，就更容易养成，即一边洗漱，一边听课，从而更加充分利用时间。你别看这个习惯很不起眼，利用起来也有奇效。最开始，我每天早起听写作课，后来是听创业课。每天清晨，我一边洗漱，一边利用大脑最高效的时间来听课学习、升级认知，不知不觉通过听课，我来到一个更大的世界，不再满足过每天上班的日子，心生了追求使命的想法，从而开始了离职创业的全新生活。

巧用环境　在习惯养成时，让环境成为你行动的提示。你要让一个空间有一个明确的用途，这样，这个环境就会让你更容易进入状态。想要工作和学习你就在书房，想要娱乐你就在客厅。

比如，之前我会在每天早晨上班的地铁里，看 1 小时书并做读书笔记。我一上地铁，就会看书，不管是否有座位。我已经把地铁当成了我的移动书房。很多人都问我是怎么每年看书 100 多本的，事实上，我并没特意抽时间看书，全靠把上班路上的时光充分利用起来，就轻松完成了每年读书 100 本的小目标。这就是环境的力量。当然，离职创业后，我不再坐地铁上班，每天居家办公，就改成每天早晨在书房进行晨读了。

定律 2：让它有吸引力

即让你想养成的习惯变得更有吸引力。你可以采用"喜好绑定"的方法。

解释一下，就是把你需要做的事，与你想做的事，给绑定在一起。通过"喜好绑定"，更易形成习惯。

比如：你需要做的事，是每天读完一本书，而你想做的事，是看电视剧、放松一下。那你可以这样绑定，即在你完成当天的读书计划后，就奖励自己去看电视剧。当初，我备课时，任务非常重，需要每天看一本书，看完几十本，才能完成备课任务。我就是用这小方法来搞定备课的。

定律 3：让它简便易行

通俗理解，就是别给自己设一个特别难的大挑战，而是要从小目标开始。比如，我听说诵经有奇效，于是每天诵经半小时，但没坚持几天就放弃了，我为此很自责。后来，我将目标改为每天诵经 2 分钟。2 分钟的时间，其实非常短，但刚好可以用来诵一遍《心经》。这个目标太小，非常简单易行，在我养成每天诵经2 分钟的习惯后，又主动将每天诵经的时间进行延长，由此，我才形成了每天诵经的习惯。

这里特别想强调一点，就是要不断重复。之前，人们普遍有一个误会，认为 21 天可以养成一个习惯。其实，一个人想养成习惯，重要的不在于时间的长短，而在于重复的次数。21 天养成习惯是一个谎言。习惯的形成，是一个行为通过重复，逐渐变得自动化的过程。

比如，你想养成读书的习惯，就可以早起读书、上班坐地铁时读书、中午休息时读书、下班坐地铁时读书、晚上睡前读书。通过不断重复读书这个动作，让它成为你生活的一部分，则更易形成读书的习惯。

定律 4：让它令人愉悦

在习惯养成过程中，要想办法让它变得令人愉悦。这是因为，大脑更看重当下，而不是未来。大脑更喜欢即时奖励，不喜欢未来的奖励。因此，大脑也愿意去重复有即时奖励的行为。

我们可以利用大脑的这个特点，为自己刻意创造及时奖励。当你完成它时，就觉得心满意足、非常愉悦，这更有利于你坚持下去。

比如，在你读完一本书时，你可以拍个封面照，发下朋友圈。在朋友们的点赞和评论中，感受到一种快乐。

比如，你还可以将你的读书笔记拍照发朋友圈。读书笔记往往引发更多的点赞。在大家的肯定和鼓励中，你也会觉得很开心。

比如，在你每月复盘时，如果你完成本月的读书目标，就买个小礼物、奖励一下自己。

此刻，你有没有觉得，习惯养成的过程，就像是一个你自己在哄着自己进步的过程呢？只要方法得当，利用好习惯养成的四大定律，你也可以轻松养成好习惯。

2. 养成好习惯的三大注意事项

最后，结合我自身 10 多年读书习惯的养成过程，再分享一下养成好习惯的注意事项。

事项 1：成长路上，让改变看得见

现在，有很多打卡社群，如早起打卡群、读书打卡群、跑步打卡群、背单词打卡群等。仿佛打卡就代表着努力和进步。到最后，很多人会发生动机扭曲，变成为了打卡去打卡，甚至为了打卡后晒朋友圈、炫耀一下去打卡。最好的成长，一定不是为了打卡，而是为了自身成长去行动。

因此，我强烈建议你专门准备一个表格或一个本子，用来记录你的进步，用记录代替打卡。人是视觉化的动物。通过记录一

次次进步与成长，你能更清晰地感知你的成长。光是看着这个表格，就会让人成就感满满。我曾经用文档来记录每年的读书书单、用 100 次表格来记录演讲的练习过程，你也可以找到最适合你的记录方式。

事项 2：习惯崩溃时，恢复即可

生活中总会有一些意外，比如，临时加班、飞机晚点等情况，会打乱你的习惯养成。这时，人们通常会自责。尤其是习惯养成初期，特别容易有一种追求完美的误区。如果不能做完美，则干脆不做。这时，你大可不必对自己过于苛刻。其实，你可以跟自己做个约定，比如，错过之后及时补上进度，每月绝不错过两次，等等。

事项 3：坚持每周复盘

我一直反复强调要复盘。在复盘时，回顾和反思，可以奖励你的进步，同时让你看清自己的不足，找到不足的原因，吸取经验教训，再制订改善计划、优化你的行动。坚持复盘，能让改变看得见。

～ 第 4 节 ～
践行力的终极公式

到此，你会发现，听起来遥不可及的践行力，可以被拆解为一个公式：践行力＝执行力＋意志力＋习惯力，如图 7-2 所示。

图 7-2　践行力公式

　　此刻，你是不是觉得极致践行不再遥不可及，而是有法可依？

　　曾经很多人问过我，你为什么能从 2009 年开始，10 多年一直坚持每天读书？我想，那是因为，真正的热爱，不需要坚持。比如，曾经我玩过一阵户外，甚至还做过户外领队，但我发现那不是我热爱的事，于是，我放弃了。比如，我曾经练过瑜伽，甚至没练几次就瘦了下来，但我实在无法在练瑜伽时体会到快乐，于是，我也放弃了。

　　我之所以一直坚持读书，就是因为，我真的特别热爱读书。我在读书时，就完全沉浸在心流的状态中，忘了时间，忘了自己。对于我来讲，读书本身就是一件特别美好、幸福的事情。有人曾说，一日不读书便觉面目可憎，我是一日不读书便觉浑身难受。

　　所以，我也衷心希望你能找到你热爱的事，坚持你热爱的事。

也许，它是你的使命，找到它你就不再迷茫；也许，它是你的爱好，是你人生旅程的能量源。找到它，你便拥有了强大的执行力，根本停不下来。

2005 年，乔布斯在斯坦福大学毕业典礼上的演讲一直在激励着我。他说："你需要去找到你所爱的东西。对于工作是如此，对于你的爱人也是如此。……如果你现在还没有找到，那么继续找，不要停下来，全心全意地去找，当你找到的时候你就会知道的。

希望你我分享的一些方法，能帮你去探索你的热爱。之前，可能你的执行力、意志力、习惯力没有那么强，但这些方法会让你拥有更强的执行力、意志力、习惯力，从而拥有强大的践行力去探索。

希望你找到你热爱的事，通过践行力，让生命之花的能量绽放出来，活出你的非凡人生。

【读书达人故事】

用读书的极致践行，引爆成长的小宇宙

作者：郑丽

大家好，我是郑丽。很荣幸能有机会与大家分享我的故事。

我和格格的缘分，来自一条朋友圈——孙老师对格格读书营的真诚推荐，而我非常幸运地接住了这份缘。于是，在那一个春日，我认识了格格，走进了格格读书营。

通过对践行力的学习，我找到了之前自己不能很好践行的几个原因，发现了自身的问题。我想要改变，但是拖延症严重。为什么拖延呢？我审视自己：不自信、不勇敢、求完美是我极致践

行的拦路虎。

找到问题，关键是要去突破，那就必须有行动。不自信，解决方法就是坚持学习、读书、积累；不勇敢，解决方法就是刻意地多加练习；求完美是我心中最大的一块巨石，这是阻止行动的最根本原因！

格格讲，要树立成长心态，勇敢去改变。在读书营，每次我想要懈怠的时候，群里小伙伴们积极正向的状态会重新点燃我，我内心又会充满力量，在成长的路上狂奔！

1. 从微小的行动开始——金句分享

金句分享是特别微小的一件事情，坚持践行它，神奇地改变了我的整个人生状态！

在读书营，每天早上起床第一件事就是发表一个金句，可以摘抄，可以自己写，非常容易实现。群里的伙伴每天早上都特别积极地发表自己的金句，然后一起选出最喜爱的金句达人。优秀的伙伴每天都坚持，带动着每一个人积极参与，坚持也就成了习惯！为了记录和鼓励自己，我在一言 App 和今日头条上同步发表我的金句，一言 App 上已经发表 213 条，今日头条上已经有粉丝 1000 人。

将一个微小的行动坚持下去，会越坚持越上瘾，越坚持越有收获！

2. 先行动再完美——写出书评

先行动再完美，对于信心不足的我，就是金言玉句！格格鼓励我们，60 分就可以，书评不会写，咱就别要求那么高，说人话就可以，总之，你得先去行动。我过于在意别人的看法，担心自己读书心得太浅显，梳理得没有逻辑，因此不敢尝试。听了格格的鼓励，我放下所有心中的顾虑，迈开脚步，开始行动！

我按格格写书评的方法，在简书、豆瓣上发表自己的书评。最开始的时候，我梳理不出整书的逻辑。想改变，必须行动。我反复认真阅读伙伴们的文章，先梳理出整书的思维导图，然后在豆瓣上查看其他优秀的书评，思考总结自己的心得。坚持每周写书评，慢慢地，我也能找出书中内容的主观逻辑线了。

3. 多米诺连锁反应——早起、读书、跑步

积极的行动可以产生正向的能量，并引起连锁反应。现在，我每天坚持早起、读书、跑步，这已经变成我的日常，让我元气满满、能量满格。这些都是参加读书营带给我的改变。

早睡早起，可以保证工作和学习的效率。格格的跑步分享在我心里种下了一颗种子，从此，我一直坚持跑步，每次 4 公里，已经跑了快 1000 公里。运动带给我更好的状态。读书和跑步，一静一动，很好地纾解着我生活的压力！好的习惯让时间成为你的朋友，坏的习惯让时间成为你的敌人。很幸运，早起、读书、跑步已经成为我的习惯，开始改变我！

【金 句】

只有做一个对自己有要求的人，你才会不断地进步。

【行 动】

请在微博上，写出你的"读书践行心得"，分享你读书成长的故事与喜悦。

第8章

复盘力：
温故而知新，帮你加速成长

复盘这个词，对于普通人来讲，好像有点遥远。但是，我发现，那些光速成长的高手们，都有定期复盘的习惯。从日复盘、周复盘、月复盘，到年复盘，高手们都在用复盘迭代自己、加速成长。不管是在你读书学习的路上，还是个人成长的路上，都离不开复盘这个神器的助力。甚至可以说，复盘是一个人光速成长的秘密武器。

～ 第1节 ～
定期复盘的五大好处

其实，复盘这件事，古已有之。古代谚语中提到的"前事不忘后事之师""吃一堑长一智""吾日三省吾身"等，都与复盘有关。

其实，复盘是围棋术中衍生出来的一种叫法。所谓"复盘"，就是每次下完一盘棋之后，双方棋手把刚才的对弈过程，重新在棋盘上再"摆"一遍，看看哪些地方下得好，哪些地方下得不好，可以有哪些更好的下法，等等。通过复盘，可以加深对这盘棋的印象，也可以找出双方攻守的漏洞，复盘是用以提高下棋水平的好方法。这个把对弈过程还原，并且进行研讨、分析的过程，就是复盘。据说，凡是下围棋的高手，都有复盘的习惯。

在中国，将复盘作为一种管理方法在企业中进行应用，是由联想集团创始人柳传志先生开始的。

20世纪90年代末期，柳传志读了《曾国藩》一书。书中提到，曾国藩有一个习惯，就是每做完一件大事后，他都会点一炷香，把整个过程细细地回想一遍。他领导湘军打仗取胜的秘诀就在于一炷香背后的反思。

受到曾国藩的启发，2001年，柳传志第一次在联想提出了复盘这种说法，并开始在联想内部进行推广。柳传志曾说：在这些年的管理工作和自我成长中，"复盘"是最令人受益的工具之一。

后来，复盘的理念得到越来越多企业的认可。

对于公司来说，复盘是一种非常重要的管理方法，能帮助提升企业的战斗力，把企业打造成学习型组织。联想、万达、华为、谷歌、阿里巴巴等企业，都非常重视复盘。

对于个人来说，复盘是一种学习方法，更是一种行为习惯。个体的成长，离不开复盘。在个人成长领域中，"复"指对过去的复习，"盘"指盘点，"复盘"合起来就是：对过去进行复习盘点，好明确下一步的计划走向。复盘的本质，就是从过去的经验中学习，这是个人成长的重要方式之一。

我的个人复盘之路，是从读书开始的。当年，受到俞敏洪老师的启发，我励志要多读书。为了掌握自己的读书进度，我开始记录读书的数量，并定期复盘读书情况。后来，我把复盘拓展到个人的全面复盘，因此受益匪浅。

我因此意识到，不只是读书，整个的个人成长都需要复盘。

对于个人成长来讲，复盘有五大好处。

1. 复盘，让你的成长看得见

平时，大家都很忙，很少想到去记录自己的成长。但通过记录每个成长项目的进度，会让你的成长看得见。尤其是当你用数字来量化成长时，你会特别有成就感。比如，读书营的小伙伴都会写复盘，通过读了多少本书，写了多少篇书评，录了多少个讲书视频，链接了多少书友等数据指标，来衡量自己的成长，大家通常都会惊讶于自己的成绩，成就感爆棚。这些成长的喜悦，如果不是进行复盘，可能根本没机会体会。

在日复盘、周复盘、月复盘，尤其是年复盘中，你记录着自己的成长。在回顾过去的复盘时，你更会惊讶于你的进步。复盘，是对成长的记录和总结，让一切都可量化，让成长看得见。

2. 复盘，帮你梳理自己

开始，我也没想过要去写个人复盘。但是，偶然间，我发现很多杰出人士都有这个习惯，每到月底，他们都会在公众号上分享自己的本月复盘。后来，我也开始写月复盘，每月从工作、学习、生活三个维度来梳理自己。

平时，大家的生活都很忙，每天低头赶路来去匆匆，却缺少了抬头看路的意识。但是，方向比努力更重要。你如果选择的方向是错误的，那么所有的努力都白费。所谓的南辕北辙就是这个道理。写复盘，就是给自己按一个暂停键，通过梳理自己，保证你前进方向的正确。

比如，我刚刚离职创业时，也非常不适应，经历了一个撕裂般的成长过程。但是，正是在每月复盘时，我梳理自己，找到了坚持下去的意义，才有了今天创业路上的小小成绩。

3. 复盘，帮你反思不足

复盘的重要作用之一，就是帮你反思过去，链接未来。

稻盛和夫先生的"六项精进"之中，就有"要每天反省"。坚持每天修行，就不会让自己变得更坏。这里的"反省"，其实就是复盘的意思。

成甲老师在他的书《好好学习》中，也非常提倡复盘。在书中他写道，提升学习能力的三个底层方法之一就是：反思，即每天写反思日记。

他建议："在每天快结束的时候，静静地坐下来回顾一天：今天有什么事情让我开心？为什么？今天我有什么事情没处理好？

为什么？假如我没有这么做会怎样？我还能有其他的做法吗？"

不知道大家在生活中有没有一直遇到同样的挫折，不知道是哪里出了问题，总是重复掉入同一个坑，甚至会有人开始怀疑人生，挫败感很强。书友七崽就是通过复盘告别重复掉坑，从而开启了不一样的成长的。之前的生活当中，她是很少做回顾与反思的。而现在，她开始通过文字梳理自己的情绪，这让她很少再陷入低沉的状态。回顾一下，2020 年她在简书竟然书写了十多万字的复盘文字，这个数字是她从来没有想过的。而在工作当中，她也通过复盘与反思提高了工作效率，并且做事情更加有逻辑性和条理性。在工作中复盘，也解决了她在月末写总结时无从下笔的问题。

通过复盘，可以避免犯同样的错误，并且通过复盘也可以对过去进行反思，并在当中总结一些规律，最终将经验转化为能力。通过复盘，你在每天的反思中，可以发现自己的不足，优化自己的行动。

4. 复盘，帮你链接同频小伙伴

复盘本是为了加速自己的成长。但是，当你把复盘通过公众号、今日头条、豆瓣、知乎等平台对外发布时，你便和外界有了链接，你在通过你的复盘告诉世界你的成长。同频的小伙伴因此会被你吸引。比如，我有一个好朋友，她就是无意看了我的月复盘，惊讶于我一个月竟然做了这么多事，非常佩服我每日精进的态度而来主动结交我的。

另外，除了自己复盘，你可以通过看别人发布的复盘，去向别人学习。尤其是一些厉害的人，平时可能对于我们来讲比较遥远，无法接近。但通过阅读他的复盘，我们同样可以学习他们的优秀之处，感受他们的力量，以此来促进自己的成长。

5. 复盘，提高工作效率

复盘不仅用于个人成长，用于个人工作时，也能提高工作效率。即使领导不要求你进行每天复盘，你也可以自行复盘，从而实现职场成长。

有一位书友 Karen，就把复盘用到了工作中，用复盘为工作助力。开始，她把复盘用于个人成长上，"周复盘"已成为她的必做作业。周而复始，神奇的事情发生了！因为重复思考如何能做得更好，她的执行力慢慢变强，效率渐渐提升，写周复盘时她发现自己一点点在进步，内心的成就感油然而生。受此启发，她又把复盘运用到工作中，从而成为公司的明星员工。他们公司每天要写日报，以前她写出的都是流水账，现在她习惯性地将复盘的方式方法用到写日报中。另外，每次她给老板汇报工作时，也会加上自己的思考和总结：哪个地方做得不好，不好的原因是什么，如果下次再遇到类似情况可以尝试什么方案去改进。这让她得到了老板的一次次表扬。带着复盘的思路工作，她在工作上不像以前那样每天"撞钟"，而是带着思考，她感觉自己每天都有进步，与同事默契度越来越好，团队也更团结了。这就是复盘的神奇效果。

在复盘中，你通过回顾、反馈、改进来提升能力，从而提高工作效率。学会复盘，才能得到真正意义上的成长。任何时间、任何地点、任何事件，只要你觉得有必要，都可以进行复盘。

社群商业战略专家剽悍一只猫曾在分享中提到："复盘，才能翻盘。复盘让自己进步更快，活得更明白。复盘能让你从过去的时间里学到东西。坚持复盘，有利于认清现状、调整方向，更好地面对未来。"

坚持复盘，你可以发现自己的不足，可以奖励自己的进步，可以梳理自己的方向。通过复盘，你可以分析过去，改写未来的行为，这就是复盘带给普通人的成长力量。复盘不是终点，而是起点。

～ 第2节 ～
复盘前的两大准备

在《高效能人士的七个习惯》这本书中，有一个故事，让人印象深刻：

假使你在森林中看到一名伐木工人，为了锯一棵树已经辛苦工作了 5 小时，筋疲力尽却进展有限，你或许会建议他："为什么不暂停几分钟？把锯子磨得更锋利一点？"

对方却回答："我没空，锯树都来不及，哪有时间磨锯子？"

复盘，就是停下来几分钟的时间，用来磨锯子。虽然用时不多，但是收获巨大，是投入产出比非常高的一件事。甚至可以说，复盘是个人学习与成长的神器。

之前，有小伙伴问我，说格格我看你一直坚持月复盘、年复盘，我也想复盘，但我发现没什么可以盘点的。其实，在复盘前，有两大准备工作。只要做好准备，人人都可以轻松进行复盘。

1. 梳理年度目标，明确努力方向

复盘是你进行自我管理的工具。所以，你需要先梳理年度目标，明确努力方向。

最简单的方法，就是按照工作、学习、生活三个维度来梳理自己。

在教练技术中，有一个"生命之轮"，如图 8-1 所示，也可用来帮你确定人生目标和努力方向。生命之轮共包括以下八个方向：

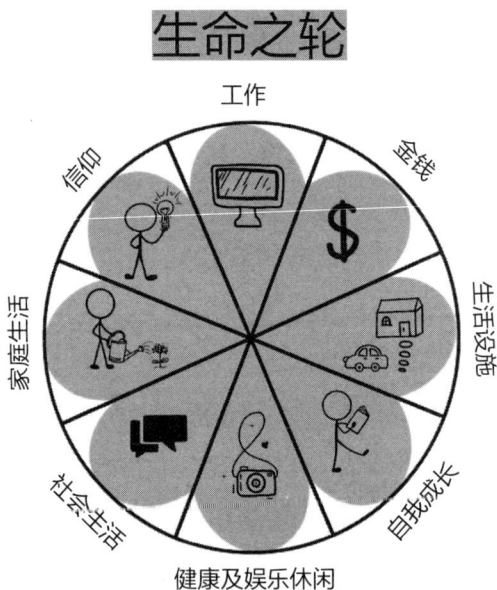

图 8-1　生命之轮

（1）工作——职业生涯；

（2）金钱——收入、理财等；

（3）生活设施——物质生活条件，如住房状况、办公环境、是否有私家车等；

（4）自我成长——自我学习或提升的情况；

（5）健康及娱乐休闲——照顾自己生理及心理的情况；

（6）社会生活——朋友关系、社区活动、社交生活；

（7）家庭生活——指婚姻生活或单身生活，孩子的状况；

（8）信仰——精神世界。

那么，如何应用"生命之轮"来帮自己梳理方向呢？

你可以先对八项内容的满意度依次进行打分（满分是 10 分），然后对分数排序。根据排序结果，以确定要努力改进的方向，进一步提升满意度。

当然，你的"生命之轮"的八大维度，也可结合自身情况进行调整。比如，很多心理学家研究出来，人生均衡发展的八个方向如下：

（1）事业；

（2）健康；

（3）家庭；

（4）人脉；

（5）理财；

（6）学习；

（7）休闲；

（8）心灵。

建议你在每年的年底、年初时，都用"生命之轮"来梳理一下年度目标，明确你的努力方向。这些方向，也是你复盘时，需要复盘的维度。

2. 拆解复盘项目，进行日常记录

当你明确要针对哪个方面进行复盘后，就需要将你的"年目标"拆解到"月目标"，明确你为之努力的"子项目"名称，并量化你的目标。

比如，学习上，计划一年读书 52 本，那拆解一下，基本是每月 4~5 本，每周 1 本。

比如，健康上，计划每月跑步 40 公里，那拆解一下，就是每周跑步 10 公里。

比如，人脉上，计划一年和 100 人单独约饭，那拆解一下，就是每月和 8~9 人约饭。

…………

平时，你需要用专门的文档、笔记本或 App，来记录各子项目的执行情况。

比如，书单，我通常用手机记事本记录；跑步，我用悦跑圈 App 来记录；写作，我以公众号的文章为准；参加线下活动，我靠朋友圈来记录。只有你平时先记录下来，在复盘时，才有据可循。

除了日常性的子项目需要记录，在生活中发生一些特殊的事时，也要留心记录。

新发生的事

比如，本月你在工作上开展了一个新项目，关于项目的重要节点，可以记录下来。

重要的事

比如，你的结婚纪念日、你得了某个重要奖项、你参加了某个重要会议等，对于你个人意义重大，也可以特意记录下来。

未达预期的事

比如，有些事可能因某些原因，导致项目失败，也需要好好记录。这正是你学习改进的好机会。

总之，生活中的一些事，都需要先记录下来，在复盘时，才会有素材。有人可能会觉得有点麻烦，好像这也要记、那也要记，其实，在你明确了各个需要复盘的子项目后，只需要随手记录下相关数据即可，并不费力。而且好多数据都可借用 App 记录，并没有那么麻烦。当你养成记录的习惯后，就能感受到复盘的巨大力量。

～ 第 3 节 ～
四步帮你轻松复盘

在你完成了准备工作后，你会发现，复盘非常轻松。以下四步，可帮你轻松完成复盘，如图 8-2 所示。

1. 回顾过去，评估情况

在复盘时，你需要整理汇总一下各"子项目"的执行情况。用你实际的完成情况，去对标你的预期目标。尤其是用数据来体现你的成果，要量化你的目标。

比如，计划本月读完 4 本书，但实际读完 2 本书，对于自己的现状就非常清晰。

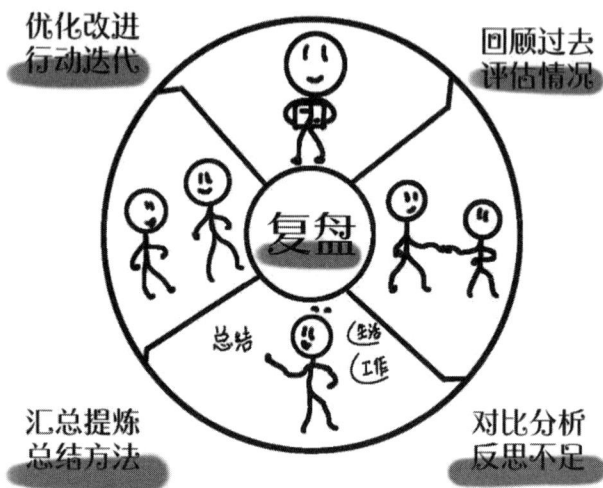

图 8-2　四步帮你轻松复盘

2. 对比分析，反思不足

经过对比后，你可以发现你在执行中的亮点或不足。尤其是对于不足的部分，你要进行深入分析、反思，找出其根本原因。

这里想提醒一下，这一点也是复盘与总结的区别。总结是对结果的好坏进行分析，而复盘是对产生结果的原因进行分析。只有找到原因，才能优化行动。

比如，我刚刚离职创业时，发现月读书数量突然变少。经过分析，我发现，我之所以读书少了，是因为之前都是习惯上班乘地铁时看书。现在，我不再上班，改为在家办公，生活中缺少了每天读书的场景，导致读书数量减少。

3. 汇总提炼，总结方法

在你找出根本原因之后，需要思考一下，从这件事中，能找到什么方法。有哪些方法有效、需要继续使用？有哪些方法无效、需要优化改进？

比如，我在找到读书数量变少的原因后，就找到了解决问题的关键：为自己创造每天读书的新场景。

4. 优化改进，行动迭代

你在总结、提炼出方法后，不要停留在想法阶段，要写出改进方案。用行动来迭代自己，才是复盘最大的价值所在。

比如，我在找到读书数量变少的原因后，就制订了优化的计划：将在地铁上看书，改为每天早起后先看书。通过为自己创造每天读书的新场景，我的读书数量又恢复如前。

书友 Tobey 就通过复盘这件小事，成长为自己想要的样子。她从 2019 年 10 月开始做复盘，一直坚持到了今天。开始时，写几天、几周是很难看到有质的提升和改变的。但是，通过坚持复盘，她感受到了复盘的强大力量。在这一年多的时间中，她试过月复盘、周复盘、日复盘的不同时间维度，也试过文字、思维导图、九宫格等不同复盘形式，不变的是复盘这件小事她一直在做。在一年多的复盘践行中，她比较大的收获有以下三点。

一是成长看得见，积累自信力。

2020 年，她无间断记录了 231 天，写了 31.4 万字，这个过程让她从过去的时间、经历中学到东西，记住自己的成就事件。当她能量特别低的时候，看到那些自己坚持的痕迹、收获的成就时，就会笃信自己能完成挑战和任务，慢慢扩展自己的能力圈和舒适区。

二是不足纠偏，发现思维惯性。

复盘让她发现重复出现和长期存在的不足，及时进行调整。在记录中，她发现自己长期都想改变自己晚睡的习惯，但到晚上总有很多任务没完成，总在反复踩"晚睡"的坑，于是周而复始"晚睡"变成了自己的常态。

在发现自己存在这个问题后，她开始寻找问题的根本原因，其实是自己睡得晚，起得也晚，白天的工作自然堆到了晚上，又开始新一轮的熬夜。找到根本原因后，她从优化时间管理和改善睡眠质量两个方面进行了纠偏，通过优先做重要的事和科学睡眠，她既保持了精力充沛，又对生活、工作、学习游刃有余，还在不知不觉中开启了早睡早起模式。

三是功不唐捐，找到自己想要。

复盘是极好的了解自己的方式，连点成线让自己活得更明白。在复盘的过程中，她发现了自己真实的爱好和长处，找到了自己爱做、擅长做、能出成果的事情。

真正让她感到满足和有成就感的事是学习，是探索新知和扩展自己的认知圈。她想要不断提升自己，喜欢归纳总结各种知识和经验，于是开始借助思维导图做整理，在一年里做了200多张思维导图，还帮助了几十位小伙伴开启了思维导图的入门之路。

通过我个人的小案例和 Tobey 的故事，相信你也可以感受到复盘的力量。好多人都在年初时立了多读书的小目标，但是通常读着读着就没有了后来。那是因为他们没有停下来进行复盘。通过复盘，你会发现自己的不足，及时改正，优化行动，不会让自己的行动偏离年目标太远。复盘会帮你更轻松地实现你的年目标。

～ 第4节 ～
复盘四大注意事项

要想做好复盘，让复盘成为你个人成长的神器，还有四大注意事项。

1. 用复盘增加竞争力

成甲老师在《好好学习》中曾经提到，持续反思会带来隐形竞争力："当我和其他人花了同样的时间、经历了同样的事情后，自己的收获和成长却和他人完全不一样。我慢慢发现，人与人之间的差距不是来自年龄，甚至不是来自经验，而是来自经验总结、反思和升华的能力。"

成甲老师每天写反思日记，即每日复盘。如果你坚持每天复盘，也将拥有这个强大的隐形竞争力。

2. 找到复盘的节奏

高手们通常每天反思，进行日复盘，无疑这样的效果最好。但是对复盘新手来说，选择每天复盘，是非常有挑战性的一件事，新手往往由于无法坚持，而产生挫败感。所以，建议你可以选择从相对简单的周复盘、月复盘开始，再慢慢过渡到日复盘。同时，每年年底时，再写年复盘。

3. 巧用复盘的模板

新手最开始写复盘时，可能觉得无从下手，那可以参考以下模板来写：

【子项目名称】

本周预期目标：

实际完成情况：

亮点：

成功关键因素：

不足：

失败根本原因：

可改进处：

行动计划：

关于"子项目名称"，可参考前面提到的"生命之轮"来优化你自己的子项目。你也可以用思维导图整理出复盘模板，每次复盘时直接填写，轻松又方便。

用思维导图整理出的复盘模板可参考图 8-3：

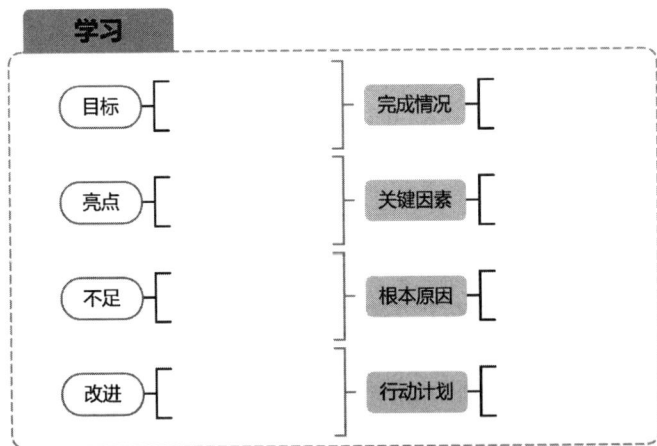

图 8-3　用思维导图整理出的复盘模板

在公众号"格格吉祥"中回复"复盘"，可获得该复盘模板。

4. 复盘是为了行动

复盘的本质，是从过去的经验中学习。所谓"学习"，指的是获得一些启发、见解，提升自己的认知，从而提高个人的有效行动能力。

只有落实到行动上，让自己的行动更有效，才是学习的出发点和落脚点，不然就是无效学习。

总之，在复盘的路上，回顾过去，评估情况→对比分析，反思不足→汇总提炼，总结方法→优化改进，行动迭代。需要一直循环往复、持续下去，用行动不断迭代自己，让改变看得见。

据说有一种说法："世界上只有 20% 的人会时时反省，修行，自我鞭策；还有 80% 的人则浑浑噩噩，得过且过，周而复始。"愿你通过持续复盘，成为这 20% 的少数精进之人。

对于我们每个普通人来说，努力还远远不够。知道自己过去做到了什么，知道自己未来有什么需要优化，才能让脚下的路越走越顺。复盘，是一项持续的修炼，更是一种持续精进之人的生活方式。

未来，希望你用读书 & 行动迭代自己，用持续复盘升级自己，绽放出生命的所有能量，活出你的非凡人生。

最后，我想借用刘润老师的一句话与你共勉：

想要达成任何目标，都需要不断复盘。只有不断复盘，你才能不断进步。

祝，进步。

【读书达人故事】

复盘，让成长变得清晰可见

作者：王晓睿

在格格的读书成长体系里，复盘力是最后一个部分，也是贯穿整个体系的一条线，它将体系和我的工作、学习结合起来，让理论和实践完美地结合，生命之花因此才能够更加灿烂地绽放。

当然，我一开始并没有这么清晰的认识，只是根据格格的指导，每周简单地记录一下自己这一周做了什么，收获是什么，还有哪些地方需要改进。万事开头难，每到周末我都需要花很多时间回想这一周做了什么——通过翻阅微信记录、支付记录或者查找随手的笔记，用这些细小的线索拼凑出一周的行程。

为了避免每周的回想困难，在每天结束之后，我习惯性地简单记录当天做的事情。每到周末当我翻开自己的记录之时，一周的行程就这样展现在我的面前，随着每周复盘的进行，我不在满足于日常工作、生活记录，而是对自己进行一次次"灵魂拷问"：我每天、每周的时间花费是否合适，是否达到了自己的目标，是否离梦想更进了一步呢？

当我再次回听格格的复盘力课程时，我发现自己漏了非常重要的一个环节：设定目标。是的，我漏掉了一个重要的环节，复盘不是以记录为开始，而是从设定目标开始。从我想要实现的梦想、长远的目标，到分解成的近期目标，都需要写在最前面。复盘所要思考的一个关键问题就是：你是否离你的目标更进了一步？

通过复盘，我的时间管理逐渐变得清晰，我每天花费在读书上的时间能够保证在 30 分钟到 1 小时之间，我每周把时间更好地分配在工作、学习、生活、娱乐四个象限中，我的时间管理在反复的复盘中不断得到优化，前进的方向更加清晰，我也能够更加安然地享受每一天的生活。

当然，复盘的好处不止于此。当我把复盘的思路用到了工作当中，工作的状态也得到了很大的飞跃。

作为一名理财规划师，工作中最重要的一个部分就是通过面对面的沟通，帮助客户做家庭理财规划。刚开始我单纯地以为，只要按照步骤走就会进行得很顺利，可是在实践中才发现，各种意料不到的状况频繁出现，常常让我措手不及。

当我处在困难中时，一句话启发了我：学习可以通过书本，也可以通过别人的经验，最重要的是向自己学习，向自己的过去学习。

向自己的过去学习其实就是通过复盘对自己的过去进行反思，于是在每见一个客户之后，我都会简单地记录自己哪些做得好，哪些做得不好，还有哪些可以改进的空间。就是这种跟自己的过去比较，在实践中发现问题、解决问题的过程，让我真实地感受到了自己的进步。

就这样经过一段时间的反复实践，我明显感觉到自己的沟通能力有了很大的提升——最开始我与客户沟通的时候，只是单方面地输出，后来学会了通过沟通了解客户的想法，并且从单方面地输出变成了双向地沟通，顺畅的交流也有利于更好地达成交易，我个人的业绩也随之得到了很大的提升，这是最让我开心的。

当然，工作很重要，更重要的是个人的成长，我一直笃定只有工作、学习、生活、娱乐等方面达到平衡，才是一个人最好的状态。每周的复盘中我会审视自己在这四个象限花了多少时间，时间利用的效率怎么样，是否过于沉迷其中一个部分而忽视了其他，这样的审视也让我对自己的人生更有掌控感。

【金　句】

没有记录，就没有发生。

【作　业】

请在微博写出你的周复盘，200 字左右。

BOOK

后记

爱上读书，相信生命有奇迹

你此生最大的热爱是什么？

小野二郎爱上了寿司，因而，有了连美国总统也要前去打卡的日本寿司小店。

摩西奶奶爱上了画画，因而，有了 77 岁大器晚成而闻名全球的画家。

我最爱读书。因为爱上读书，我改变了人生。虽然我没有取得那些名人所取得的巨大成就，但爱上读书，也让我从一名普通员工，转身成为很多人羡慕的自由职业者，并有幸目睹了生命中发生的一个个小小奇迹。

遥想 2008 年，我还是新东方的一名普通员工。当初，我在俞敏洪老师的影响下，开始立志要多读书。从很少读书，到每年读书 20 多本，现在每年读书 100 多本。转眼，我不知不觉读了 1000 多本书。

感谢读书这件美好的事情，如果不是因为爱上读书，我绝不可能过上现在很多人羡慕的小日子，把生活过得有滋有味、活出自己的光彩。

因为爱上读书，我相信阅读的神奇力量，我开始相信生命有奇迹。

我相信，真正的热爱，不需要坚持；我相信，真正的热爱，不需要回报；我更相信，真正的热爱，能创造奇迹。

真正的热爱，不需要坚持

经常有人问我，你是怎么坚持每年读书 100 多本的？

我想说，真正的热爱，不需要坚持。读书对于我来讲，就像吃饭睡觉一样，是一种生活方式。根本不需要任何辛苦的坚持。

之前，我也很少读书，觉得光是上班，就已经用尽洪荒之力，下班就喜欢好好地放松一下。

后来，在俞敏洪老师的影响下，我开始每天读书，已坚持 10 多年。

2009 年年底，我完成了自己立下的读书目标，一年读完 26 本书。后来，量变产生质变，我越读越快，这些年，每年能轻松读书 100 多本。不知不觉间，我读了 1000 多本书，

好多人惊讶于我读书多、读书快，都问我秘诀，其实，这背后最大的力量源，不过是我真心热爱读书而已。

只要读书，我就沉浸在心流中，忘了时间、忘了自己，根本停不下来。书中文字构建的世界，让我深深地着迷，我求知若渴的好奇心得到了极大的满足。

每天读书，就是我的一种生活方式。因为读书，我的生活发生了很多变化：

2015 年，我因偶然间读了一本书《藏在这世间的美好》而深受触动，从此，我开始写书评，从输入到输出。目前，我在豆瓣上写了 100 多篇书评。

因为写书评，我在公司得到机会，成功转岗做运营，开启了职场的新生涯。

后来，我参加征文活动，文章还有幸被收入图书《成为你想看到的改变》。

2016 年，我偶然间读了村上春树的《当我谈跑步时，我谈些什么》，受其影响，我下定决心开始跑步，一口气跑下七个马拉松。

是读书，为我打开一扇扇新世界的大门，带给我跃跃欲试的想法和挑战自己的勇气，从而活出一个全新的自己。

真正的热爱，不需要坚持。我相信，一本本好书，将带我去更远的远方、探索更多世界的精彩。

真正的热爱，不需要回报

因为爱上读书，我不再甘于一个人读书，希望和同样热爱读书的小伙伴们交流分享。

2018 年，我加入混沌大学学习后，申请创立了混沌大学北京分社的学生社团——混北读书会，带领混沌的同学们每周进行线下读书学习活动。

混北读书会自成立以来，一直零预算、零收费、零工资，进行公益化运营。

当初，很多人不看好混北读书会的发展。他们认为，一个不赢利的公益项目，甚至需要发起人自己出钱、出力、欠人情，根本不可能长久运营下去。

但是，因为我的一腔热情，混北读书会在同学们的支持下，已经走过了近 3 年的历程。因为混北读书会，很多人读书学习、光速成长；因为混北读书会，很多人链接了很多优秀的同频小伙伴；因为混北读书会，很多人开始相信梦想和情怀的力量，不再只关注眼前；因为混北读书会，很多人知道这世界上真的有无私付出、极致利他，也开始变得温暖有爱、积极助人。

这个世界，并不是只有功利性的付出，还有许多不求回报的美好。

真正的热爱、不需要物质回报。全心去做、纵情投入、利他付出，本身就是一种无比的幸福，我希望将这种利他付出的幸福能量传递出去。

真正的热爱，能创造奇迹

很幸运，我因为混北读书会，也见证了生命的奇迹，找到了自己的人生使命"用读书为成长赋能"。

在混北读书会的运营中，面对那些质疑、误会与嘲笑的声音，我慢慢明白，用读书为大家的成长赋能，就是我此生的使命。

其实，这就是我一直在做的事情。只是，我之前一直没意识到它是我的使命。

使命涌现，人生也随之改变。

2019 年 8 月，找到使命之后，我感受到了来自内心的强烈召唤，于是立刻付诸行动，发起了创业项目"格格读书营"。10 月，我离职创业，把热爱读书成功地变成了一份职业，有幸成了一名自由职业者。

因为真心热爱，所以我把项目做得超级用心。不仅课程一直在迭代，也一直坚持亲自为学员点评作业，提供超级暖心的服务。

超级用心的付出，换来了超好的学习效果，得到了学员的一致好评。

都说创业十战九败，所以，自从 2019 年 8 月开始做第一期读书营，我就对失败有准备。一路以来，我一直以"时时可死、步步求生"的状态对待创业的每一天。非常幸运，在大家的支持下，这个小小的创业项目不仅没有死掉，还一直在创新，焕发出别样的生命力。

并且，因为读书营，我亲自见证了使命的奇迹。据说，找到使命就是成功的捷径。当你找到使命，生命中就会发生许多不可思议的同频共振事件，会有很多意料之外的人和资源来帮你。

2020 年 10 月，我有幸签了写书合同，开始闭关写书。之前，我总觉得，写书这事还不到时机，自己的课程还需要迭代打磨。但贵人写书哥突然从天而降，劝我放弃完美主义的执念，鼓励我走上了写书之路。

当然，整个过程，都离不开我的助教天团，Amy、Tobey、九斤、晓睿、小虾米、郑丽、Karen、七崽、栗子九大助教在无私地我为保驾护航。一路走来，不管是对于读书营的运营，还是写书过程，他们都不分昼夜，24 小时在线倾尽全力地支持我。

尤其是写书时，助教天团不仅全员参与贡献学员案例，晓睿还一直帮忙辛苦整理稿件，七崽和栗子也一直肩负着给本书配插图的重任。

当然，本书能够出版，更感谢我们读书营所有的学员们。不管你们是否参与了撰写学员案例，你们都用行动支持了我，才让我有今天的璀璨光芒。

感谢生命中对书的热爱，让我在数十年如一日的每天读书中，感受到一种别样的快乐。

感谢生命中对书的热爱，引领着我找到了人生使命，用格格读书营这个小小项目，坚持践行着利他助人的使命。

感谢生命中对书的热爱，让我有缘遇见了这么多生命的贵人，比如秋叶大叔、张小桃、小川叔、写书哥、王朝薇、Scalers、鼹鼠的土豆、凌笑妮、何小英、筝小钱、白羽等老师，他们一直在鼓励我前行，并无私地给予我各种支持帮助。

感谢生命中对书的热爱，让平凡的我，有幸见证生命中这么多小小的奇迹。

　　感谢生命中对书的热爱，让你我因这本书结缘，愿它能为你打开一扇门，助你走上读书成长之路，才不负你我相遇的缘分。

　　茨威格在《人类群星闪耀时》中说："一个人生命中最大的幸运，莫过于在他的人生中途，还年富力强的时候，发现了自己的使命。"

　　非常感恩，我就是这样一个幸运的人。

　　未来，我愿意带着更多的小伙伴一起读书成长，把阅读的力量传递下去。我相信，只要坚守这份热爱，未来路上，一定还会有许多未知的美好，在等待着我。

　　那么，什么是你生命中的那份热爱呢？愿你也早日找到你生命中的热爱。

　　希望某一天，我们有缘相遇，一起聊聊我们曾经一起读过的好书。